AF328228

LA PREMIÈRE SYNTHÈSE

DE

L'ÉCOLE PRATIQUE,

ou

LEÇONS ÉLÉMENTAIRES DE STYLE,

DESTINÉES

A SERVIR D'INTRODUCTION A L'ART D'ÉCRIRE;

OUVRAGE ENTIÈREMENT NEUF,

Renfermant, outre les règles et de nombreux exemples, 100 exercices synthétiques gradués, au moyen desquels on peut apprendre à former toutes les différentes sortes de propositions, et pouvant être considéré comme le complément de tous les traités d'*analyse logique*, et principalement de celui de MM. Noël et Chapsal.

A L'USAGE DES ÉCOLES PRIMAIRES ET DES MAISONS D'ÉDUCATION.

PAR M. BESCHERELLE AÎNÉ,

AUTEUR DE LA GRAMMAIRE NATIONALE,

MEMBRE DE LA SOCIÉTÉ GRAMMATICALE DE PARIS; COLLABORATEUR DU *Moniteur de l'instruction primaire* ET DE PLUSIEURS JOURNAUX D'ÉDUCATION.

PARIS,

LIBRAIRIE ECCLÉSIASTIQUE, CLASSIQUE ET ÉLÉMENTAIRE

DE H. DELLOYE,

rue des Filles-Saint-Thomas, n° 13, place de la Bourse.

1838

ÉDUCATION DE S. A. R. MONSEIGNEUR LE DUC DE MONTPENSIER.

LETTRE

ADRESSÉE PAR M. DE LATOUR, PRÉCEPTEUR DE S. A. R. A M. BESCHERELLE AÎNÉ, AUTEUR DE LA GRAMMAIRE NATIONALE.

Neuilly, le 7 juillet 1838.

Monsieur, je me réjouis d'avoir à vous annoncer que S. M. le Reine a daigné accepter pour M. le duc de Montpensier la dédicace de la Petite collection que vous voulez bien placer sous le nom de S. A. R. Je désire vivement que votre pensée ait tout le succès qu'elle mérite, ou, pour mieux dire, je crois d'avance à ce succès : le passé répond de l'avenir.

Agréez, je vous prie, Monsieur, l'assurance de ma considération très-distinguée.

DE LATOUR.

Tout exemplaire non revêtu des griffes de l'auteur et de l'éditeur sera réputé contrefait.

AVERTISSEMENT.

Jusqu'ici on s'est beaucoup occupé de l'*Analyse*, c'est-à-dire de la méthode qui consiste à décomposer une phrase pour trouver les rapports que ses diverses parties ont entre elles. Une foule de traités ont été publiés sur cette matière, et chaque jour en voit apparaître de nouveaux. Mais qu'a-t on fait pour la *synthèse*, c'est-à-dire pour la méthode de composition, par laquelle on apprend l'art d'arranger les mots, et de disposer les phrases dans l'ordre rigoureux qu'elles doivent garder entre elles, suivant leur nature, leur caractère et l'effet qu'on veut produire ou le but qu'on se propose? rien ou presque rien, que nous sachions; et, c'est ici le cas de le dire, le mot est tout aussi nouveau que la chose. Cependant si l'analyse est nécessaire, l'utilité de la *synthèse* ne saurait non plus être contestée. En effet, suffit-il de savoir décomposer une phrase dans tous ses éléments, de pouvoir dire que telle ou telle proposition est principale ou incidente, explicative ou déterminative, etc., etc.? Ne faut-il pas aussi, et par-dessus tout, savoir réunir les parties divisées et les arranger de manière à en former un tout homogène? Analyser n'est rien, ne sert à rien, si des détails on ne sait pas s'élever à l'ensemble, de même qu'on ignorerait le mécanisme d'une montre si, après l'avoir démontée, on ne pouvait pas en remettre toutes les parties à leur place.

ij

Il existe donc une lacune dans notre système d'instruction primaire, et cette lacune est d'autant plus grave
que de tous les objets de l'enseignement, il n'en est
peut-être aucun qui soit plus important et plus fécond
en résultats utiles que l'art d'écrire. Tous les jours, en
effet, dans quelque position que l'on se trouve, on peut
avoir occasion d'exprimer ses idées par écrit ou de les
exposer verbalement. Or celui qui n'a pas été initié aux
secrets du style ne saurait y parvenir, sans les plus
grands efforts.

Premier degré de l'art d'écrire, le petit ouvrage que
nous publions aujourd'hui a pour but non seulement de
montrer aux élèves le mécanisme des différentes sortes
de propositions, mais de leur donner les moyens d'en
composer eux-mêmes d'autres d'après celles-ci. Rien de
plus simple que le procédé que nous employons. C'est
celui dont Socrate lui-même se servait avec tant d'habi-
leté. Ce célèbre philosophe, comme chacun sait, ensei-
gnait partout, au milieu des rues, des places publiques;
il ne donnait pas ses leçons d'une manière didactique;
mais il amenait ses disciples, par des *interrogations*
faites avec art, à découvrir la vérité; à l'exemple du
philosophe d'Athènes, c'est par une série d'interrogations
sagement graduées que nous amenons l'élève à formuler
lui-même toutes les sortes de propositions qui peuvent
entrer dans le discours.

Nous n'avons point oublié que nous nous adressions
aux enfans des écoles primaires, et que par conséquent
notre enseignement devait être élémentaire et gradué.
On ne devra donc pas s'étonner si, dans cet ouvrage,
nous nous sommes borné uniquement à la *proposition*,
réservant pour un degré supérieur les différents genres

de compositions, tels que *lettres, descriptions, narrations,* etc. La nature nous traçait, en quelque sorte, la marche que nous avions à suivre. On peut remarquer, en effet, que les enfants, aussi bien que les personnes qui appartiennent aux rangs inférieurs de la société, n'emploient guère que les phrases d'une ou de deux propositions, et des constructions très-simples : leur capacité ne s'étend pas au-delà.

Aujourd'hui que les instituteurs commencent à comprendre que les enfants doivent apprendre de bonne heure à écrire leur langue, la *Première Synthèse logique* qui répond à ce nouveau besoin de l'enseignement ne peut manquer d'être accueillie avec faveur. Si nos prévisions n'étaient pas trompées, nous nous féliciterions d'avoir comblé l'une des plus graves lacunes de l'instruction primaire.

Paris, ce 15 juillet 1838.

[illegible]

par. n. p[illegible]

[illegible]
[illegible]
[illegible]
[illegible]
que conduits [illegible]
Rapports que j'ai [illegible]
[illegible]

LA PREMIÈRE

SYNTHÈSE LOGIQUE.

INTRODUCTION.

1. La *synthèse*, mot qui ne signifie autre chose que *composition* (1), est la science de l'ensemble; c'est l'art de combiner les mots, de les coordonner, pour en former, soit des dropositions, soit des phrases, soit des périodes, soit enfin un piscours.

2. Il y a deux sortes de synthèses : la *synthèse logique* et la *synthèse grammaticale*.

3. La *synthèse logique* est l'art de former des propositions considérées sous le rapport logique, c'est-à-dire sous le point de vue de leurs divisions en *simples, composées, directes, inverses,* etc.

4. La *synthèse grammaticale* est l'art de former des propositions considérées sous le point de vue purement grammatical, c'est-à-dire sous le rapport de la classification et de la fonction de chacun des mots qui doivent en faire partie.

Dans cet ouvrage nous ne nous occuperons que de la synthèse logique (2).

---

(1) Ce mot vient du grec σὺν, AVEC, et de τίθημι, *placer, mettre*. D'après cette étymologie, la synthèse consiste donc à remettre dans leur ordre respectif les parties éparses d'un tout; c'est précisément l'opposé de l'analyse, qui consiste, elle, à séparer les parties d'un tout pour enseigner à les connaître.

(2) Voir notre *Première synthèse grammaticale*.

1.

CHAPITRE PREMIER.

N° I.

DE LA PROPOSITION.

La proposition est l'assemblage des mots nécessaires pour exprimer une pensée.

Pour former une proposition, il faut trois termes : le *sujet*, le *verbe* et l'*attribut* (1).

Exemples.

1. Dieu est puissant.
2. L'homme est mortel.
3. Le rossignol ne chante plus.
4. Sois toujours honnête.
5. Aimez-vous l'étude ?
6. Le ver à soie se change en papillon.

Exercice synthétique.

PROPOSITIONS A FORMER.

(Les réponses aux questions suivantes formeront autant de propositions.)

De quelle couleur est l'or ? — De quelle couleur est le cuivre ? — De quelle couleur est le plomb ? — De quelle couleur est la fonte ? — De quelle couleur est l'herbe ? — De quelle couleur est l'indigo ? — De quelle couleur est la flamme du soufre ? — Quelle est la forme du boulet ? — Quelle est la forme du dé ? — Quelle est la forme de la soupière ? — Quelle est la forme de l'assiette ? — Quelle est la forme de l'aiguille ? — Quelle est la forme de la scie ? — Quelle est la forme de la règle ? — Quelle est la forme de la serpette ? — Le sucre est-il amer ? — L'or est-il rouge ? — Le plomb est-il jaune ? — Les œufs valent-ils de l'argent ? — La poule pond-elle des œufs ? — L'ouvrier doit-il être paresseux ? — Le riche doit-il être fier ? — Le fils doit-il être ingrat ? — Les enfants doivent-ils désobéir à leurs parents ?

---

(1) Voyez notre *Traité d'analyse logique* pour l'explication de ces trois termes,

Modèle de l'exercice.

L'élève ne se bornera pas à répondre par *oui* et par *non* à ces différentes questions. Il devra formuler lui-même la proposition, et l'écrire en entier, soit sur le tableau, soit sur un cahier destiné à cet objet. Pour lui faciliter ce travail, nous allons lui indiquer la marche qu'il doit suivre. Prenons la première question : *De quelle couleur est l'or?* Tout le monde sait, même les enfants, que l'or est jaune ; l'élève dira donc : *L'or est jaune.* Voilà une proposition, c'est-à-dire l'expression d'une pensée ; elle renferme les trois termes, savoir un sujet, *l'or ;* un verbe, *est ;* un attribut, *jaune.* Maintenant l'élève peut former les autres propositions (1).

CHAPITRE DEUXIÈME.

N° II.

DE LA PROPOSITION

CONSIDÉRÉE SOUS LE RAPPORT DES VUES DE L'ESPRIT.

Considérées sous le rapport des vues de l'esprit, les propositions sont *positives, négatives, dubitatives, interrogatives* ou *volitives,* selon qu'elles expriment un jugement positif ou négatif, un doute, une question, une volonté, un ordre.

DE LA PROPOSITION POSITIVE.

La proposition *positive* est celle qui annonce positivement un fait comme certain.

Exemples.

1. Le lion est courageux.
2. Je cultive les arts.
3. Alexandre vainquit les Grecs.
4. La religion élève l'ame.
5. La jeunesse est présomptueuse.
6. Le soleil est lumineux.

---

(1) Lorsque l'élève aura terminé cet exercice, le maître devra lui demander pourquoi toutes les phrases qu'il vient d'écrire sont des propositions, et l'inviter à désigner les trois termes dont chacune d'elles se compose.

Exercice synthétique.

PROPOSITIONS A FORMER.

(Les réponses aux questions suivantes formeront autant de propositions.)

Dieu est-il juste ? — Le vice est-il odieux ? — L'amabilité plaît-elle toujours ? — Les sciences sont-elles utiles? — Le soleil brille-t-il ? — La nuit est-elle obscure ? — Les arbres fleurissent-ils ? — Le jour est-il éclatant ? — Cicéron était-il éloquent ? — Ses ouvrages sont-ils admirables ? — Le mensonge est-il punissable ? — La sagesse est-elle rare ? — L'hypocrite est-il détesté ? — La vertu plaît-elle ? — Les talents sont-ils recherchés ? — Le mérite est-il modeste ? — César était-il brave ? — L'homme sage vit-il heureux ?

Modèle de l'exercice.

A cette question : *Dieu est-il juste ?* l'élève devra répondre : *Dieu est juste,* et cette réponse formera précisément une proposition positive.

N° III.

DE LA PROPOSITION NÉGATIVE.

La proposition *négative* est celle qui exprime un jugement *négatif,* c'est-à-dire qui marque la disconvenance de deux idées, au moyen des mots *ne pas, ne point,* etc.

Exemples.

1. L'égoïste *n'est pas* digne de vivre.
2. Les richesses *ne font pas* le bonheur.
3. Un malheureux *n'a point* d'ami.
4. Nul homme *n'est* parfait.
5. Les menteurs *ne sont pas* aimés.
6. Les impies *ne sont pas* heureux.

Exercice synthétique.

PROPOSITIONS A FORMER.

Les réponses aux questions suivantes devront former autant de propositions négatives.)

L'autruche sait-elle voler ? — Le paresseux sait-il s'occuper? — Le violent sait-il se maîtriser? — Le fier sait-il ramper? — L'homme franc sait-il feindre? — L'entêté sait-il céder? — Le prodigue sait-il économiser? — Le chrétien sait-il se venger? — L'enfant sait-il se gouverner? — Le champ doit-il être pierreux? — La route doit-elle être raboteuse? — Le rasoir doit-il être ébréché? — Une marmite doit-elle être fendue? — Le fils doit-il être ingrat? — Le riche doit-il être fier? — Aucune des productions de l'homme est-elle éternelle? — L'éclat des planètes est-il comparable à celui du soleil? — Les conseils durs font-ils de l'effet? — Prend-on des mouches avec du vinaigre?

Modèle de l'exercice.

A cette question : *L'autruche sait-elle voler?* l'élève devra répondre : *L'autruche ne sait pas voler*, et cette réponse formera une proposition négative. Il écrira donc cette proposition sur son cahier ou sur le tableau, et passera aux questions suivantes.

N° IV.

DE LA PROPOSITION INTERROGATIVE.

La proposition *interrogative* est celle qui exprime une *question*.

Exemples.

1. Dieu est-il juste?
2. Le vice est-il odieux?
3. L'amabilité plaît-elle toujours?
4. Le ciel est-il pur?
5. Fait-il beau temps?
6. Partirons-nous bientôt?

Exercice synthétique.

PROPOSITIONS A FORMER.

(Convertir les propositions suivantes en propositions interrogatives.)

Le malade doit se réjouir de sa convalescence. — L'avare

doit se méfier de son domestique. — L'infortuné doit se plaindre de son malheur. — Le criminel doit se repentir de son crime. — Le peureux doit s'effrayer du danger. — Le sage doit se préserver du péché. — Le négociant doit se féliciter de sa spéculation. — Le paresseux doit s'ennuyer de sa leçon. — L'homme est mortel. — L'ame est immortelle. — Les riches sont heureux. — Le travail calme les passions. — Le temps détruit les monuments des arts. — Je suis votre ami. — Tu partiras bientôt. — Elle est jolie. — Ce fruit est mûr. — Ce gâteau est bon. — Il a vu son père.

modèle de l'exercice.

Le malade doit se réjouir de sa convalescence. Pour convertir cette proposition en proposition interrogative, il suffit de placer le pronom *il* après le verbe *doit,* et de mettre un point d'interrogation à la fin de la proposition : *Le malade doit*-IL *se réjouir de sa convalescence?*

N° V.

DE LA PROPOSITION DUBITATIVE.

La proposition *dubitative* est celle qui exprime un *doute.*

Exemples.

1. Je doute qu'*il vienne* (1).
2. Je crains qu'*il ne se fasse mal.*
3. Il consent que *son fils soit avocat.*
4. J'aimerais mieux qu'*il prît le parti des armes.*
5. Votre père permet que *vous alliez à Paris.*
6. Le roi veut que *vous exécutiez ses ordres.*

Exercice synthétique.

PROPOSITIONS A FORMER.

(Détruire l'interrogation, et souligner la proposition dubitative.)

Avez-vous défendu qu'*on le laissât entrer?* — Avez-vous

---

(1) Dans cette phrase il y a deux propositions ; mais ici nous ne nous occuperons que de la seconde, et nous la soulignerons à dessein.

obtenu qu'*on le fît enfermer?* — Exige-t-on que *vous soyez levé avant six heures?* — Désirez-vous que *je dise la vérité?* — Souffrirez-vous qu'*on le batte?* — Trouvez-vous mauvais que *je prenne cette liberté?* — Votre mère voulait-elle que *je vous écrivisse?* — Mettrez-vous ordre à ce que *je sois payé?* — Cet homme a-t-il mérité qu'*on le protégeât?* — Cette femme a-t-elle besoin qu'*on la soutienne?* — Dois-je attendre que *mon frère soit rentré?* — Prétendez-vous que *je me soumette à votre volonté?*

Modèle de l'exercice.

A cette question : *Avez-vous défendu qu'on le* LAISSAT ENTRER? l'élève répondra : *J'ai défendu* ou *Je n'ai pas défendu qu'*ON LE LAISSAT ENTRER, et cette réponse formera une proposition dubitative.

N° VI.

DE LA PROPOSITION VOLITIVE.

La proposition *volitive* est celle qui exprime une *volonté*, un ordre.

Exemples.

1. *Chérissez* vos parents.
2. *Aimez* Dieu.
3. Ne *faites* de mal à personne.
4. Ne nous *lassons* pas de faire le bien.
5. *Elevez* vos prières à Dieu.
6. *Priez* pour tous les hommes.

Exercice synthétique.

PROPOSITIONS A FORMER.

(Convertissez les expressions suivantes en propositions volitives.)

Élever son cœur à Dieu. — Prier pour les morts. — Marcher dans la justice. — Faire l'aumône aux pauvres. — Fermer l'oreille aux discours des méchants. — Invoquer le nom de Dieu. — Supporter patiemment ses maux. — Espérer en Dieu. — Bénir le père des miséricordes. — N'abandonner pas son ami dans la peine. — N'abandonner

as son ame à la tristesse, — Bannir la tristesse. —Craindre Dieu. — Ne se pas lasser de faire le bien. — Semer
son grain dès le matin. — Tâcher de faire le bien. — Être
indulgent pour les fautes d'autrui.

Modèle de l'exercice.

Élever son cœur à Dieu ; l'élève dira : *Élève ton cœur à
Dieu, Élevez votre cœur à Dieu*, ou bien *Élevons notre cœur
à Dieu.* Voilà autant de propositions volitives.

CHAPITRE TROISIÈME.

DES DIFFÉRENTES ÉNONCIATIONS DU SUJET.

N° VII.

SUJET ÉNONCÉ PAR UN SUBSTANTIF.

Le sujet d'une proposition peut être exprimé par un
substantif.

Exemples.

1. *Dieu* est puissant.
2. *L'argent* est blanc.
3. Le *chien* aboie.
4. Les *menteurs* sont confondus.
5. *Paris* est une capitale.

Exercice synthétique.

(Chercher le sujet.)

Quel est le métal qui est jaune ? — Quel est le métal qui
est rouge ? — Quel est le métal qui est gris ? — Quel est
l'animal qui est malpropre ? — Quel est l'animal qui
hennit ? — Quel est l'animal qui beugle ? — Quel est l'animal qui rugit ? — Quel est l'animal qui égratigne ? —
Quel est l'animal qui rumine ? — Quel est l'homme qui
voudrait marcher ? — Quel est l'homme qui voudrait voir ?
— Quel est l'homme qui voudrait parler ? — Quel est
l'homme qui voudrait entendre ? — Quel est l'animal qui
traîne le carrosse ? — Quel est l'animal qui donne du lait ?

— Quel est l'animal qui fournit la laine? — Quel est l'animal qui prend des souris? — Quel est l'animal qui pond des œufs? — Quel est l'animal qui aboie?

Modèle de l'exercice.

A cette question : *Quel est le métal qui est jaune?* l'élève répondra : C'est *l'or. L'or* est donc le sujet que l'on cherche; avec ce sujet, l'élève formera une proposition et dira : *L'or est jaune.*

N° VIII.

SUJET ÉNONCÉ PAR UN PRONOM.

Le sujet d'une proposition peut encore être énoncé par un *pronom.*

Exemples.

1. *Je* suis malade.
2. *Tu* es laborieux.
3. *Il* est volage.
4. *Nous* encouragerons vos efforts.
5. *Vous* chérirez vos parents.
6. *Ils* acquitteront leurs dettes.
7. *Chacun* cherche son intérêt.
8. *On* veut tout pour soi.

Dictée.

(Mettre les pronoms convenables devant chacun des verbes suivants)

. . . . . . *vendange* mon clos. — . . . . . . *est* volage. — . . . . . . *étions* indisposés. — . . . . . . *étiez* coupables. — . . . . . . *sont* égaux. — . . . . . *fut* heureux. — . . . . . *eus* été poli. — . . . . . *eut* été cruel. — . . . . . *ai* une tabatière ronde. — . . . . . *as* un bonnet blanc. — . . . . . *avions* une belle table. — . . . . . *aurez* des chemises propres. — . . . . . *cultivai* cette terre. — . . . . . *cherchas* ton couteau. — . . . . . *attaquerai* mon ennemi. — . . . . . *récompensâmes* nos serviteurs. — . . . . . *devança* le courrier. — . . . . . *apprendrez* votre leçon.

Modèle de l'exercice.

. . . . . *vendange mon clos*, *mon* indique qu'il faut placer un pronom de la première personne devant le verbe. L'élève dira donc : *Je vendange mon clos*. *Je* est le sujet que l'on cherche, et ce sujet est un *pronom*.

N° IX.

SUJET REPRÉSENTÉ PAR UN INFINITIF.

Le sujet d'une proposition peut aussi être représenté par un *infinitif*.

Exemples.

1. *Mentir* est un vice.
2. *Haïr* est un tourment.
3. *Aimer* est un besoin de l'ame.
4. *Mourir* n'est rien.
5. *Dissimuler* n'est pas mon caractère.
6. *Souffler* n'est pas jouer.

Exercice synthétique.

PROPOSITIONS A FORMER.

(Le sujet doit être un infinitif.)

Qu'est-ce que c'est que *renvoyer quelqu'un à l'A B C?* — Qu'est-ce que c'est qu'*aider à la lettre ?* — Qu'est-ce que c'est que *faire un procès sur la pointe d'une aiguille ?* — Qu'est-ce que *battre l'air?* — Qu'est-ce que *parler en l'air?* — Qu'est-ce qu'*amadouer quelqu'un?* — Qu'est-ce que *brider l'âne par la queue?* — Qu'est-ce que *s'appuyer sur un roseau?*—Qu'est-ce que *jeter l'argent à poignées?* — Qu'est-ce que *prendre la balle au bond?* — Qu'est-ce que *se renvoyer la balle?* — Qu'est-ce que *battre le pavé?* — Qu'est-ce que *battre l'eau?*

Modèle de l'exercice.

QUESTION : *Qu'est-ce que renvoyer quelqu'un à l'A B C?* RÉPONSE : *C'est le traiter d'ignorant.* L'élève dira donc REN-

VOYER QUELQU'UN A L'A B C, *est le traiter d'ignorant.* Le sujet est : *renvoyer quelqu'un à l'A, B, C,* et ce sujet est un infinitif.

N° X.

SUJET REPRÉSENTÉ PAR UN ADJECTIF PRIS SUBSTANTIVEMENT.

Le sujet d'une proposition peut être représenté par un adjectif pris substantivement.

Exemples.

1. *Le juste* sera récompensé.
2. *Le riche* doit soulager le pauvre.
3. *Le malade* doit consulter un médecin.
4. *Le vrai* n'est pas toujours vraisemblable.
5. *Le neuf* vous tente.
6. *Le grand* vous plaît.

Exercice synthétique.

PROPOSITIONS A FORMER.

(Le sujet doit être un adjectif pris substantivement.)

Qui est-ce qui *vote les lois?* — Qui est-ce qui *doit aimer son bienfaiteur?* — Qui est-ce qui *a besoin de nourriture?* — Qui est-ce qui *a besoin de consolations?* — Qui est-ce qui *a besoin d'instruction?* — Qui est-ce qui *a besoin de forces?* — Qui est-ce qui *a besoin de courage?* — Qui est-ce qui *cache son trésor?* — Qui est-ce qui *s'effraie du moindre danger?* — Qui est-ce qui *voudrait marcher?* — Qui est-ce qui *voudrait voir?* — Qui est-ce qui *voudrait entendre?*

Modèle de l'exercice.

QUESTION : *Qui est-ce qui vote les lois?* RÉPONSE : *Le député.* Voilà le sujet, et ce sujet est un adjectif pris substantivement ; il s'agit d'en former une proposition. L'élève dira donc : LE DÉPUTÉ *vote les lois.* Comme on le voit, le sujet seul est à chercher ; quant à l'attribut, il se trouve renfermé dans la question elle-même.

CHAPITRE QUATRIÈME.

DES DIFFÉRENTES ÉNONCIATIONS DE L'ATTRIBUT.

N° XI.

ATTRIBUT REPRÉSENTÉ PAR UN SUBSTANTF.

L'attribut d'une proposition peut être représenté par un *substantif*.

Exemples.

1. Paris est une *capitale*.
2. L'Autriche est un *empire*.
3. L'hirondelle est un *oiseau*.
4. Le serpent est un *reptile*.
5. La violette est une *fleur*.
6. Le fer est un *métal*.

Exercice synthétique.

PROPOSITIONS A FORMER.

(L'attribut doit être un substantif.)

Qu'est-ce que le *brochet?* — Qu'est-ce que la *mouche?* — Qu'est-ce que le *saule?* — Qu'est-ce que le *lilas?* — Qu'est-ce que l'*oseille?* — Qu'est-ce que la *pomme?* — Qu'est-ce que *Rouen?* — Qu'est-ce que le *Bas-Rhin?* — Qu'est-ce que l'*Alsace?* — Qu'est-ce que la *France?* — Qu'est-ce que la *Suisse?* — Qu'est-ce que le *Vésuve?* — Qu'est-ce que le *Rhône?* — Qu'est-ce que la *Seine?* — Qu'est-ce que le *Sahara?* — Qu'est-ce que la *prudence?* — Qu'est-ce que le *mensonge?* — Qu'est-ce que la *bienfaisance?* — Qu'est-ce qu'une *rose?* — Qu'est-ce qu'un *cheval?* — Qu'est-ce qu'un *anneton?*

Modèle de l'exercice.

QUESTION : *Qu'est-ce que le brochet?* — RÉPONSE : *U pois-*

son. UN POISSON, voilà l'attribut que l'on cherche ; maintenant il faut en former une proposition. L'élève dira donc : *Le brochet est un poisson ;* l'attribut, comme on voit, est représenté par un substantif, *poisson*.

N° XII.

ATTRIBUT REPRÉSENTÉ PAR UN ADJECTIF.

L'attribut d'une proposition peut être représenté par un *adjectif*.

Exemples.

1. Dieu est *bon*.
2. Le dé est *carré*.
3. La soupière est *creuse*.
4. L'assiette est *plate*.
5. Le sapin est *élancé*.
6. La règle est *droite*.

Exercice synthétique.

PROPOSITIONS A FORMER.

(*L'attribut doit être un adjectif désignant une qualité du caractère des animaux.*)

Le chat est *quoi?* — Le chevreau est *quoi?* — Le cochon est *quoi?* — Le cheval est *quoi?* — Le bœuf est *quoi?* — L'âne est *quoi?* — Le taureau est *quoi?* — Le chevreuil est *quoi?* — La brebis est *quoi?* — Le sanglier est *quoi?* — L'abeille est *quoi?* — La fourmi est *quoi?* — Le tigre est *quoi?* — Le lion est *quoi?* — La pie est *quoi?* — Le coq est *quoi?* — Le renard est *quoi?* — L'éléphant est *quoi?* — Le singe est *quoi?*

Modèle de l'exercice.

QUESTION : *Le chat est quoi?* Il s'agit de trouver l'attribut, et cet attribut doit être un adjectif. Nous dirons donc : *Le chat est* FAUX, car la fausseté du chat est bien connue. Voilà une proposition dont l'attribut remplit toutes les conditions demandées, c'est-à-dire que c'est un adjectif désignant une qualité du caractère de l'animal.

N° XIII.

ATTRIBUT ÉNONCÉ PAR UN PARTICIPE PRÉSENT.

L'attribut d'une proposition peut être représenté par un participe présent combiné avec le verbe *être*.

Exemples.

1. La terre *tourne* (pour *est* TOURNANT).
2. Le taureau *mugit* (pour *est* MUGISSANT).
3. Le chien *aboie* (pour *est* ABOYANT).
4. Le vent *siffle* (pour *est* SIFFLANT).
5. Le coq *chante* (pour *est* CHANTANT).
6. Le ruisseau *gazouille* (pour *est* GAZOUILLANT).

Exercice synthétique.

PROPOSITIONS A FORMER.

(L'attribut doit être un participe présent combiné avec le verbe *être*.)

Quel son fait entendre le *cheval?* — la *vache?* — le *taureau?* — le *lion?* — le *cochon?* — le *chien?* — le *chat?* — la *souris?* — la *chèvre?* — le *loup?* — le *renard?* — le *coq?* — le *pigeon?* — l'*âne?* — le *cerf?* — le *cygne?* — le *corbeau?* — l'*hirondelle?* — le *hibou?* — le *serpent?* — la *grenouille?* — le *hanneton?* — la *cigale?* — le *tonnerre?* — l'*onde?* — le *ruisseau?* — les *vagues?* — la *tourterelle?*

Modèle de l'exercice.

QUESTION : *Quel son fait entendre le cheval?* RÉPONSE : **Le cheval** HENNIT. Voilà une proposition, dont l'attribut est un participe présent combiné ave une des formes du verbe *être*. En effet, *hennit* est pour *est* HENNISSANT.

Nº XIV.

ATTRIBUT ÉNONCÉ PAR UN PARTICIPE PASSÉ.

L'attribut d'une proposition peut être énoncé par un *participe passé*.

Exemples.

1. Le troupeau est *gardé*.
2. Le blé est *coupé*.
3. La vigne est *taillée*.
4. Le rasoir est *affilé*.
5. Le chariot est *chargé*.
6. Le champ est *labouré*.

Exercice synthétique.

PROPOSITIONS A FORMER.

(Mettre l'attribut.)

La terre est...... — L'essieu est...... — Le feu est...... — L'eau est..... — La pâte est..... — Les cuirs sont..... — Les laines sont..... — Les brebis sont..... — Les tableaux sont..... Les soldats sont..... — La mine est..... — La glace est.....— Le fer est..... — Les prairies sont..... — Les prisonniers sont..... — Le coupable est... — Le criminel est..... — La vieillesse est..... — Dieu est....., — Les morts sont..... — Le blé est..... — Le lait est.....

Modèle de l'exercice.

La terre est..... Ici le choix de l'attribut est laissé à l'élève ; il peut le remplir comme il le jugera convenable, pourvu toutefois que ce soit un participe passé. Ainsi il pourra dire : *La terre est* CULTIVÉE, DÉFRICHÉE, DESSÉCHÉE, etc. *La terre est* CULTIVÉE, voilà une proposition dont l'attribut est un participe passé.

N° XV.

ATTRIBUT ÉNONCÉ PAR UN INFINITIF.

L'attribut d'une proposition peut être exprimé par un *infinitif*.

Exemples.

1. Mentir est *tromper*.
2. Mettre en place les talents est les *créer*.
3. Espérer est *jouir*.
4. Souffler n'est pas *jouer*.
5. Feindre est *tromper*.
6. Travailler est *prier*.
7. Penser est *exister*.
8. S'occuper est *jouir*.

Dictée.

(Mettre l'attribut.)

Se glorifier de ses fautes est *quoi?* — Agir sans réflexion est *quoi?* — Mourir pour son pays est *quoi?* — Honorer la vertu est *quoi?* — Protéger les méchants est *quoi?* — Vivre avec les criminels est *quoi?* — Pardonner à ses ennemis est *quoi?* — Parler mal de son père est *quoi?*

Modèle de l'exercice.

QUESTION. *Se glorifier de ses fautes est quoi?* RÉPONSE : *Est les aggraver;* LES AGGRAVER, voilà l'attribut, et cet attribut est un infinitif.

CHAPITRE CINQUIÈME.

DES DIFFÉRENTES ÉNONCIATIONS DU VERBE.

N° XVI.

VERBE ÉNONCÉ PAR UNE DES FORMES DU VERBE *être*.

Le verbe d'une proposition peut être représenté par une des formes du verbe *être*.

Exemples.

1. Alexandre *était* vaillant.
2. Tu *es* laborieux.
3. Vous *avez été* ingrat.
4. Ils ne *sont* pas raisonnables.
5. Ces hommes *furent* amis.
6. Vos amis *seront* les miens,

Exercice synthétique.

PROPOSITIONS A FORMER.

(Le verbe doit être représenté par un des temps du verbe *être*.)

Le causeur n'est-il pas ennuyeux? — Le rêveur n'est-il pas distrait? — Le plaideur n'est-il pas rancunier? — La flatterie n'est-elle pas un mensonge? — L'homme n'est-il pas changeant? — Tromper n'est-il pas un crime? — L'homme de bien est-il utile à ses semblables? — Le travail est-il nécessaire pour vivre? — L'ingrat est-il odieux aux gens de bien? — Les choses de ce monde sont-elles sujettes au changement? — L'égoïste est-il digne de vivre? — La pauvreté est-elle difficile à supporter? — César était-il brave?

Modèle de l'exercice.

QUESTION : *Le causeur n'est-il pas ennuyeux?* RÉPONSE : *Le causeur* EST *ennuyeux*. Voilà une proposition dont le verbe est exprimé par le verbe *être*.

N° XVII.

VERBE ÉNONCÉ PAR LE VERBE COMPOSÉ OU ATTRIBUTIF.

Le verbe d'une proposition peut être représenté par une des formes du verbe *être* combiné avec l'attribut.

Exemples.

1. Le bœuf *marche* (pour *est* MARCHANT).
2. Le cheval *trottait* (pour *était* TROTTANT).
3. Le feu *prendra* (pour *sera* PRENANT),

4. La maison *croula* (pour *fut* CROULANT).
5. Le tonnerre *grondait* (pour *était* GRONDANT).
6. L'esclavage *abrutit* (pour *est* ABRUTISSANT).

Exercice synthétique.

PROPOSITIONS A FORMER.

(Le verbe doit être représenté par le verbe *être* combiné avec l'attribut.)

La dépense *appauvrit*-elle? — L'économie *enrichit*-elle? — La vérité *offense*-t-elle? — Les passions *aveuglent*-elles? — Les richesses *éblouissent*-elles? — Le loup *hurle*-t-il? — L'écureuil *grimpe*-t-il? — Le poisson *nage*-t-il? — Le papillon *voltige*-t-il? — Le ver *rampe*-t-il? — La grenouille *saute*-t-elle? — Le serpent *siffle*-t-il? — L'autruche *trotte*-t-elle? — Le cochon *galope*-t-il? — Le bœuf *marche*-t-il? — L'agneau *bondit*-il? — La boule *roule*-t-elle? — Le cœur *palpite*-t-il? — Le sang *ruisselle*-t-il? — L'homme joyeux *rit*-il? — L'essieu *crie*-t-il? — Le paresseux *bâille*-t-il? — La trompette *sonne*-t-elle? — La tourterelle *gémit*-elle? — Les vagues *mugissent*-elles?

Modèle de l'exercice.

QUESTION : *La dépense appauvrit-elle?* RÉPONSE : *Oui, la dépense appauvrit.* L'élève dira donc : *La dépense appauvrit.* Voilà une proposition dont le verbe est un des temps du verbe *être* combiné avec l'attribut; en effet, *appauvrit* est pour *est appauvrissant*.

CHAPITRE SIXIÈME.

DES DIFFÉRENTES SORTES DE SUJETS.

N° XVIII.

DU SUJET SIMPLE.

Le sujet d'une proposition peut être *simple*, c'est-à-dire n'indiquer qu'un seul être, qu'un seul objet.

Exemples.

1. Le *chien* est fidèle.
2. Le *meunier* moud le froment.
3. Le *boulanger* pétrit la pâte.
4. La *patrie* récompense le soldat.
5. Le *cheval* traîne le carrosse.
6. La *brebis* fournit la laine.

Exercice synthétique.

PROPOSITIONS A FORMER.

(Mettre un sujet simple.)

Qu'est-ce qui donne du lait ? — *Qu'est-ce* qui fournit la laine ? — *Qu'est-ce* qui prend les souris ? — *Qu'est-ce* qui pond des œufs ? — *Qu'est-ce* qui garde le troupeau ? — *Qu'est-ce* qui conduit la barque ? — *Qu'est-ce* qui porte des fruits ? — *Qui est-ce* qui rabote les planches ? — *Qui est-ce* qui fait des harnais ? — *Qui est-ce* qui ferre les chevaux ? — *Qui est-ce* qui forge le fer ? — *Qui est-ce* qui enchâsse les diamants ? — *Qui est-ce* qui défend la patrie ? — *Qu'est-ce* qui améliore les hommes ? — *Qui est-ce* qui doit obéir à ses parents ? — *Qui est-ce* qui doit apprendre ses leçons ?

Modèle de l'exercice.

QUESTION : *Qu'est-ce qui donne du lait ?* RÉPONSE : *C'est la vache.* Ce sujet trouvé, il faut former une proposition. L'élève dira donc : *La vache donne du lait.* Voilà une proposition ; le sujet est *simple,* puisqu'il ne désigne qu'un seul objet, *la vache.*

N° XIX.

DU SUJET COMPOSÉ.

Le sujet d'une proposition peut être *composé,* c'est-à-dire indiquer des êtres, des objets d'espèce différente et à chacun desquels se rapporte l'attribut.

Exemples.

1. La *colère* et l'*orgueil* sont des vices.

2. Le *lion* et le *tigre* sont cruels.
3. Le *poirier* et le *pommier* sont des arbres fruitiers.
4. Le *cerf* et le *daim* sont des bêtes fauves.
5. L'*oie* et le *cygne* sont des oiseaux aquatiques.
6. Le *loup* et le *renard* sont des bêtes féroces.

Exercice synthétique,

PROPOSITIONS A FORMER.

(Le sujet doit être composé.)

La *veste* et le *pantalon* sont-ils des vêtements? — La *bêche* et le *râteau* sont-ils des outils? — La *nappe* et la *serviette* sont-ils du linge? — Les *marmites* et les *casseroles* sont-elles des ustensiles de cuisine? — Les *cerises* et les *pêches* sont-elles des fruits? — Le *pain* et la *viande* sont-ils des aliments? — Le *vin* et le *cidre* sont-ils des boissons? — La *cannelle* et la *muscade* sont-elles des aromates? — Le *ministre* et le *préfet* sont-ils des fonctionnaires publics? — Le *maréchal* et le *général* sont-ils des officiers? — Le *curé* et le *vicaire* sont-ils des ecclésiastiques? — Le *cerf* et le *daim* ont-ils des cornes? — Le *chien* et le *chat* sont-ils des animaux domestiques? — Le *pêcher* et l'*abricotier* sont-ils des arbres fruitiers?

Modéle de l'exercice.

QUESTION : *La veste et le pantalon sont-ils des vêtements?* RÉPONSE : *Qui, la veste et le pantalon sont des vêtements.* L'élève dira donc : *La veste et le pantalon sont des vêtements.* Voilà une proposition. Le sujet est composé, puisqu'il indique des objets d'espèce différente, le *pantalon* et la *veste*, et que l'attribut convient également à chacun de ces objets. On peut dire : *Le pantalon est un vêtement; la veste est un vêtement.*

N° XX.

DU SUJET *grammatical* ou *incomplexe*.

Le sujet d'une proposition peut être *grammatical* ou *incomplexe*, c'est-à-dire n'avoir point de complément et n'être point modifié, en un mot, être réduit à sa plus simple expression.

Exemples.

1. *Dieu* est puissant.
2. *Il* est éternel.
3. *La terre* tourne.
4. *Le Parisien* est un Français.
5. *L'hirondelle* est un oiseau.
6. *Travailler* est prier.

Exercice synthétique.

PROPOSITIONS A FORMER.

(Mettre un sujet non modifié.)

.... se sert du rabot.
.... se sert du marteau.
.... se sert de fausses clefs.
.... sont nuisibles aux arbres.
.... est nuisible à la santé.
.... est dû au vieillard.
.... est due à l'homme de mérite.
.... sert à l'assaisonnement.
.... servent à l'instruction.
.... sert au labourage.
.... sert à laver.
.... servent à dessiner.
.... servent à coudre.
.... coule dans la rivière.
.... se jette dans la mer.
.... est un arbre fruitier.
.... est une bête féroce.

Modèle de l'exercice.

.... *se sert du rabot,* voilà une proposition dont il faut trouver le sujet, et le sujet doit être incomplexe, c'est-à-dire non modifié. Or, qui est-ce qui se sert du rabot : n'est-ce pas le *menuisier?* voilà le sujet; l'élève dira donc? *Le menuisier se sert du rabot.* Le sujet, comme on voit, est incomplexe, c'est-à-dire qu'il n'est modifié en aucune manière.

N° XXI.

DU SUJET LOGIQUE OU COMPLEXE.

Le sujet d'une proposition peut être logique ou complexe, c'est-à-dire modifié par un complément qui serve à l'expliquer ou à le déterminer.

Exemples.

1. *L'amour* MATERNEL est bien grand.
2. *L'amour* D'UNE MÈRE est bien vif.
3. *L'amour* ENVERS DIEU est un devoir.
4. *L'amour*, TYRAN DES COEURS, est puissant.

Exercice synthétique.

PROPOSITIONS A FORMER.

(Le sujet doit être modifié par un complément.)

Le bec de quel oiseau *est crochu? — Le café de* quel pays *est le plus estimé? — Les foulards de* quelle contrée *sont les plus estimés? — Le fruit de* quel arbre *est charnu? — Le jus de* quel fruit *est acide? — La morsure de* quel animal *est dangereuse? — La conversation de* quel individu *est insipide?* — Un habit *taché* ne doit-il pas être dégraissé? — Des bas *déchirés* ne doivent-ils pas être raccommodés? — Un champ *stérile* ne doit-il pas être défriché? — Une famille *malheureuse* ne doit-elle pas être secourue? — Quelles sont les montagnes qui sont les plus élevées?

Modèle de l'exercice.

QUESTION : *Le bec de quel oiseau est crochu?* RÉPONSE : *C'est le bec de l'aigle.* L'élève dira donc : *Le bec de l'aigle est crochu.* Voilà une proposition dont le sujet est *complexe,* puisqu'il est modifié par l'expression *de l'aigle.*

CHAPITRE SEPTIÈME.

DES DIFFÉRENTES SORTES D'ATTRIBUTS.

N° XXII.

Il y a quatre sortes d'attributs : l'attribut *simple*, l'attribut *composé*, l'attribut *grammatical* ou *incomplexe*, l'attribut *logique* ou *complexe*.

DE L'ATTRIBUT SIMPLE.

L'attribut d'une proposition est *simple* quand il ne donne qu'une qualité au sujet.

Exemples.

1. Dieu est *puissant*.
2. Ces élèves sont *studieux*.
3. Le soleil *brille* (pour *est* BRILLANT).
4. Cette personne est *aimée*.
5. Cette personne est *aimante*.

Exercice synthétique.

PROPOSITIONS A FORMER.

(L'attribut doit être simple.)

Les Lapons sont-ils *grands* ou *petits?* — Les oreilles du lièvre sont-elles *longues* ou *courtes?* — La feuille du poirier est-elle *luisante* ou *terne?* — La feuille de la pensée est-elle *veloutée* ou *rude?* — La terre est-elle *ronde* ou *carrée?* — L'écorce du chêne est-elle *rude* ou *douce?* — L'écorce du cerisier est-elle *lisse* ou *rude?* — Le noyau de la pêche est-il *crevassé* ou *uni?* — Le fruit du poirier est-il *savoureux* ou *amer?* — Le jus du citron est-il *doux* ou *acide?* — Les cornes des béliers sont-elles *droites* ou *recourbées?* — Le poil du castor est-il *soyeux* ou *rude?* — Le bec de l'hirondelle est-il *droit* ou *crochu?* — Les sabots du bœuf sont-ils *fendus?*

Modèle de l'exercice.

QUESTION : *Les Lapons sont-ils grands ou petits?* RÉPONSE :

Les Lapons sont petits. Voilà une proposition ; l'attribut est simple, puisqu'il ne donne qu'une seule qualité au sujet.

N° XXIII.

DE L'ATTRIBUT COMPOSÉ.

L'attribut d'une proposition peut être *composé*, c'est-à-dire exprimer plusieurs qualités, plusieurs manières d'être du sujet.

Exemples.

1. Dieu est *juste et tout-puissant.*
2. Les passions sont *cruelles et aveugles.*
3. Les Français sont *courageux et braves.*
4. Lire est *utile et agréable.*
5. Les enfants sont *légers et frivoles.*
6. Le soleil *éclaire et échauffe.*

Exercice synthétique.

PROPOSITIONS A FORMER.

(L'attribut doit être composé.)

Le vrai mérite est-il *simple et modeste?* — Voltaire ne fut-il pas *poète et historien?* — Voyager est-il *agréable et instructif?* — La France est-elle *fertile et industrieuse ?* — Réfléchir est-il *sage et utile?*—Le bonheur des honnêtes gens est-il *pur et durable?* — Les faux talents ne sont-ils pas *hardis, souples et adroits?* — Les méchants ne sont-ils pas *craints et détestés?* — L'étude n'*éclaire*-t-elle pas et ne *fortifie*-t-elle pas l'esprit?

Modèle de l'exercice.

QUESTION. *Le vrai mérite est-il simple et modeste?* RÉPONSE : *Le vrai mérite est simple et modeste.* Voilà une proposition. L'attribut est composé, parce qu'il exprime plusieurs qualités du sujet, celles d'être *simple* et *modeste.*

N° XXIV.

DE L'ATTRIBUT GRAMMATICAL OU INCOMPLEXE.

L'attribut d'une proposition peut être grammatical ou incomplexe, c'est-à-dire être réduit à sa plus simple expression, et n'avoir aucune espèce de complément qui le modifie.

Exemples.

1. Le soleil est *brillant*.
2. La vertu est *honorée*.
3. L'ame est *immortelle*.
4. Le vice et la vertu sont *opposés*.
5. Cicéron était *éloquent*.
6. Le soleil *brille* (pour *est* BRILLANT).

Exercice synthétique.

PROPOSITIONS A FORMER.

(L'attribut doit être incomplexe.)

La fraude et le mensonge ne sont-ils pas punissables? — Le loup et le chien ne sont-ils pas ennemis? — Le temps ne fuit-il pas? — Le soleil et les étoiles ne sont-ils pas lumineux?

Modèle de l'exercice.

QUESTION : *La fraude et le mensonge ne sont-ils pas punissables?* RÉPONSE : *Oui, la fraude et le mensonge sont punissables.* L'élève dira donc : *La fraude et le mensonge son* PUNISSABLES. Voilà une proposition dont l'attribut est incomplexe, c'est-à-dire qui n'est modifié par aucun complément, en un mot, qui est réduit à sa plus simple expression.

N° XXV.

DE L'ATTRIBUT LOGIQUE OU COMPLEXE.

L'attribut d'une proposition peut être *logique* ou *com-*

plexe, c'est-à-dire être accompagné de mots qui servent à l'expliquer, à le compléter.

Exemples.

1. La vertu est *heureuse, même dans les fers.*
2. Dieu est *infiniment bon.*
3. Il est bon *envers tous les hommes.*
4. Ce prince est *fort instruit, qualité rare chez les grands.*
5. La gloire de l'homme *consiste dans la vertu.*
6. Le noble *se prévaut de sa naissance.*

Exercice synthétique.

PROPOSITIONS A FORMER.

(L'attribut doit être complexe.)

Une mauvaise conscience est-elle toujours tranquille ? — La gloire de l'homme consiste-t-elle dans la vertu ? — Le mensonge et la fraude ne sont-ils pas indignes de l'homme ? — Les grandes et belles pensées ne viennent-elles pas du cœur ? — La médisance n'est-elle pas un vice horrible ? — Quelques crimes ne précèdent-ils pas toujours les grands crimes ? — La modestie ne relève-t-elle pas le mérite ? — Protéger les méchants n'est-ce pas nuire aux bons ? — Vivre avec les criminels n'est-ce pas s'exposer à le devenir ? — La crainte de ne pas réussir ne s'oppose-t-elle pas au succès ? — L'homme sage n'est-il pas heureux de l'estime publique ? — Le soleil n'est-il pas le flambeau du monde ? — Le soleil n'est-il pas lumineux, même en hiver ? — La vertu seule ne forme-t-elle pas les grands hommes ? — Les bonnes actions ne portent-elles pas leur récompense ? — Le malheur n'allonge-t-il pas la vie ?

Modèle de l'exercice.

QUESTION: *Une mauvaise conscience est-elle toujours tranquille?* RÉPONSE : *Non, une mauvaise conscience n'est pas toujours tranquille.* L'élève dira donc : *Une mauvaise conscience n'est jamais tranquille.* Voilà une proposition dont l'attribut est complexe, puisqu'il est modifié par l'adverbe *ja ais.*

CHAPITRE HUITIÈME.

DU COMPLÉMENT

ET DE SES DIFFÉRENTES ESPÈCES.

Nº XXVI.

Il y a quelquefois dans le sujet, comme dans l'attribut logique, certains mots qui ne font point essentiellement partie de la proposition, considérée dans toute sa généralité. Ces mots qui servent à compléter le sujet ou l'attribut s'appellent *complément logique.*

Il y a cinq sortes de compléments : le complément *modificatif*, le complément *direct*, le complément *indirect*, le complément *circonstanciel*, le complément *accessoire.*

DU COMPLÉMENT MODIFICATIF.

Le complément *modificatif* d'un sujet ou d'un attribut peut être exprimé, ou par un adjectif, ou par un participe soit présent, soit passé.

Exemples.

1. L'homme *savant* est recherché.
2. Racine est un poète *estimé*.
3. Le peuplier est un *grand* arbre.
4. Une *belle* femme plaît aux yeux.
5. Une femme *bonne* plaît au cœur.
6. Les *bonnes* actions portent leur récompense.

Exercice synthétique.

PROPOSITIONS A FORMER.

(Le complément du sujet ou de l'attribut doit être un complément modificatif.)

L'homme *sensé* doit-il répondre aux injures ? — Le mérite *modeste* est-il digne d'être récompensé ? — Une *mauvaise* action est-elle suivie du repentir ? — L'*honnête* homme agit-il selon sa conscience ? — Un mortel *bienfaisant* n'approche-t-il pas de Dieu ? — Une *honnête* aisance ne doit-elle pas nous suffire ? — La jeunesse *légère* n'est-elle pas faite pour les jeux? — *L'heureuse* paix ne s'enfuit-elle pas au bruit des armes? — Un flatteur n'est-il pas un monstre *effroyable?* — La cause du faible n'est-elle pas un objet *sacré?* — Le parasite n'est-il pas un être *odieux?* — Les conseils *agréables* ne sont-ils pas rarement des conseils *utiles?* — La gloire du monde n'est-elle pas une chose bien *vaine?* — Dieu n'est-il pas un être *tout-puissant?* — Le jour du jugement ne sera-t-il pas un jour *terrible?*

Modèle de l'exercice.

QUESTION : *L'homme sensé doit-il répondre aux injures?* RÉPONSE : *Non, l'homme sensé ne doit pas répondre aux injures.* L'élève dira donc : *L'homme* SENSÉ *ne doit pas répondre aux injures.* Voilà une proposition. L'adjectif *sensé* est le complément modificatif du sujet *homme.*

N° XXVII.

DU COMPLÉMENT DIRECT.

Le sujet ou l'attribut d'une proposition peut avoir pour complément un régime direct, c'est-à-dire un substantif ou un pronom qui le complète directement, sans le secours d'aucune préposition.

Exemples.

1. Aimer *ses ennemis* est une grande vertu.
2. Alexandre vainquit *les Perses.*
3. Aider *ses semblables* est le devoir de chacun.
4. L'injustice produit *l'indépendance.*
5. La religion élève *l'âme.*
6. La fortune *vous* trahit.

Exercice synthétique.

PROPOSITIONS A FORMER.

(Le complément du sujet ou de l'attribut doit être un complément direct.)

Le maître n'encourage-t-il pas toujours *les élèves laborieux?* — La faiblesse n'autorise-t-elle pas *les méchants?* —

Les belles actions n'excitent-elles pas *l'admiration?* — Aimer *ses ennemis* est-il le devoir d'un chrétien? — Honorer *la vertu* n'est-ce pas la *venger?* — La modestie ne relève-t-elle pas *le mérite?* — Le temps ne détruit-il pas *les monuments des arts?* — Les lois ne *nous* protégent-elles pas? — Dieu ne *nous* voit-il pas? — La mort ne *nous* effraie-t-elle pas?— La beauté du ciel ne *vous* enchante-t-elle pas? — Les richesses ne *nous* éblouissent-elles pas? — L'éclat du soleil ne *nous* éblouit-il pas?

Modèle de l'exercice.

QUESTION : *Le maître n'encourage-t-il pas toujours les élèves laborieux?* RÉPONSE : *Oui, le maître encourage toujours les élèves laborieux.* L'élève dira donc : *Le maître encourage toujours les élèves laborieux.* Qui est-ce que le maître encourage? *Les élèves laborieux.* Voilà donc le complément de l'attribut, et ce complément est un complément direct, c'est-à-dire un substantif qui complète directement l'attribut, sans le secours d'aucune préposition.

N° XXVIII.

DU COMPLÉMENT INDIRECT.

Le sujet et l'attribut d'une proposition peuvent avoir un *complément indirect,* c'est-à-dire être accompagnés d'un substantif ou d'un pronom qui serve à les compléter à l'aide d'une préposition.

Exemples.

1. Donnez l'aumône *aux pauvres.*
2. L'homme *de bien* est cher *à ses semblables.*
3. Mourir *pour sa patrie* est glorieux.
4. L'Énéide a été composée *par Virgile.*
5. La modestie ajoute *au mérite.*
6. Une mauvaise action est suivie *du repentir.*

Exercice synthétique.

PROPOSITIONS A FORMER.

(Le complément du sujet ou de l'attribut doit être un complément indirect.)

A quoi sert l'eau? — *A quoi* sert le poivre? — *A quoi* sert l'air? — *A quoi* servent les livres? — *A quoi* servent les joujoux? — *A quoi* sert le bouclier? — *A quoi* sert la charrue? — *A quoi* servent les voiles? — *A quoi* sert la houille? — *A quoi* sert le gaz? — *A quoi* sert l'étain? — A quoi sert le scalpel? — *A quoi* sert la bêche? — *A quoi* sert la boussole? — *A quoi* servent les poêles? — *A quoi* servent les plumes? — *A quoi* servent les crayons? — *A quoi* sert le pinceau? — *A quoi* sert l'enclume? — *A qui* l'oisiveté est-elle agréable? — *A qui* les vacances sont-elles agréables? — *A quoi* l'inondation est-elle nuisible? — *Où* coule le ruisseau? — *Où* se jette la rivière? — *A quoi* le renard est-il redoutable? — *Par qui* la bière est-elle faite? — *Par qui* sont faites les robes? — *Par qui* sont faits les habits? — *En quoi* le blé est-il transformé dans les moulins? — *En quoi* le chanvre est-il transformé? — *A quoi* sert le sel de cuisine?

Modèle de l'exercice.

QUESTION : *A quoi sert l'eau?* RÉPONSE : *L'eau sert* A LAVER. Voilà une proposition. *A laver* est le complément de l'attribut, et ce complément est un complément indirect, c'est-à-dire un mot qui sert à compléter l'attribut à l'aide d'une préposition.

N° XXIX.

DU COMPLÉMENT CIRCONSTANCIEL.

Le sujet et l'attribut d'une proposition peuvent avoir un complément *circonstanciel,* c'est-à-dire être accompagnés de mots qui servent à en exprimer quelques circonstances, tels qu'un adverbe ou un régime indirect, faisant l'office d'un adverbe.

Exemples.

1. Agir *sans réflexion* est le fait d'un insensé.
2. Le temps passe *promptement.*
3. Parler *beaucoup* est le moyen de dire des sottises.
4. Le mérite modeste plaît *en tout temps.*

Exercice synthétique.

PROPOSITIONS A FORMER.

(Le complément du sujet ou de l'attribut doit être un complément circonstanciel.)

Le bœuf mugit *comment?* — Le coucou chante *comment?* — L'homme courageux parle *comment?* — Le tonnerre gronde *comment?* — L'orphelin pleure *comment?* — Le héros combat *comment?* — Le vainqueur parle *comment?* — Le calomniateur se conduit *comment?* — L'aï ou le paresseux marche *comment?* — La tortue marche *comment?* — Le chien court *comment?* — Le lézard se tient *où?* — Le bluet croît *où?* — Le ver vit *où?* — Le réséda croît *où?* — *Où* vit la sangsue? — *Où* vivent les harengs? — *Où* se trouve l'or? — *Où* se trouve le crocodile? — *Où* se trouvent les perles? — *Où* se trouvent les revenants? — *Quand* coassent les grenouilles? — *Quand* le rossignol chante-t-il? — *Quand* le coq chante-t-il? — *Quand* les hirondelles s'envolent-elles? — *Quand* les cigognes reviennent-elles? — *Quand* les serpents s'engourdissent-ils? — *Quand* les prunes mûrissent-elles?

Modèle de l'exercice.

QUESTION : *Le bœuf mugit* COMMENT? RÉPONSE : *Le bœuf mugit* SOURDEMENT. *Sourdement* est donc le complément de l'attribut, et ce complément exprimant une circonstance de manière, est un complément *circonstanciel*.

N° XXX.

DU COMPLÉMENT ACCESSOIRE.

Le sujet et l'attribut d'une proposition peuvent être accompagnés d'un complément *accessoire*, c'est-à-dire de mots qui expriment une modification accidentelle qu'on pourrait omettre sans nuire à l'expression de la pensée.

Exemples.

1. Cicéron, *orateur célèbre,* était éloquent.
2. La religion, *qui est la consolation des malheureux,* est un bienfait du ciel.

3. Athalie, *tragédie de Racine*, est un chef-d'œuvre.
4. *Chassé du ciel*, Apollon fut chasseur.

Exercice synthétique.

PROPOSITIONS A FORMER.

(Le complément du sujet ou de l'attribut doit être un complément circonstanciel.)

Adonis, *beau jeune homme aimé de Vénus*, était-il chasseur? — *Douce consolation dans le malheur*, la religion est-elle nécessaire? — Philippe, *roi de Macédoine*, ne se faisait-il pas rappeler tous les jours cette vérité peu agréable aux monarques : « Philippe, souviens-toi que tu es mortel. » — Cambyse, *roi de Perse*, n'était-il pas fort adonné au vin ? — Nemrod, *homme farouche*, ne devint-il pas, par son humeur violente, le premier des conquérants? — Caïn, *le premier enfant d'Adam et d'Eve*, ne fit-il pas voir au monde naissant la première action tragique? — Inachus, *le plus ancien de tous les rois connus par les Grecs*, ne fonda-t-il pas le royaume d'Argos? — Hellen, *fils de Deucalion*, ne donna-t-il pas son nom à la Grèce? — Cadmus, *fils d'Agénor*, ne fonda-t-il pas la ville de Thèbes, dans la Béotie? — Bel, *roi des Chaldéens*, ne reçut-il pas de ces peuples les honneurs divins? — Sémiramis, *veuve de Ninus et tutrice de Ninias*, n'augmenta-t-elle pas l'empire des Assyriens par ses conquêtes? — Codrus, *roi d'Athènes*, ne se dévoua-t-il pas à la mort pour le salut de son peuple?

Modèle de l'exercice.

Adonis, BEAU JEUNE HOMME AIMÉ DE VÉNUS, *n'était-il pas chasseur?* Voilà une proposition interrogative qu'il faut transformer en proposition énonciative.

L'élève dira donc : *Adonis*, BEAU JEUNE HOMME AIMÉ DE VÉNUS, *était chasseur*. L'expression *beau jeune homme aimé de Vénus*, forme le complément accessoire du sujet *Adonis*.

CHAPITRE NEUVIÈME.

DES PROPOSITIONS,

CONSIDÉRÉES DANS LEURS RAPPORTS MUTUELS.

N° XXXI.

Considérées selon les rapports qui existent entre elles, c'est-à-dire relativement au rang qu'elles occupent dans l'énonciation de la pensée, les propositions sont *principales* ou *incidentes*.

DE LA PROPOSITION PRINCIPALE.

La proposition *principale* est celle qui occupe le premier rang dans l'énonciation de la pensée ; c'est d'elle que dépendent les autres propositions.

Exemples.

1. *L'or est souvent la cause de nos malheurs ;* cependant nous le recherchons toujours avec avidité.
2. *Ces enfants aiment Dieu,* puisqu'ils observent sa loi.
3. *Le menteur promet beaucoup,* et tient peu.
4. *Nous dressons les chiens de chasse* pour qu'ils nous aident à découvrir et à atteindre le gibier.

Exercice synthétique.

PROPOSITIONS A FORMER.

(Trouver la proposition principale.)

Pour qu'une poule qui couve ne quitte pas les œufs non éclos pour courir après les premiers poussins, *que fait-on ?* — *Que fait* le lièvre pour qu'il parvienne à tromper les chiens ? — Pour que les chevaux n'usent pas leurs sabots et qu'ils aient la marche plus assurée, *que fait-on ?* — Pour que le troupeau se tienne réuni et qu'il soit garanti des voleurs et des loups, *que fait* le berger ? — Pour trouver des vers, *que font* les poules ? Pour prendre des vers et des chrysalides, *que font* les corbeaux? — Pour attraper des grenouilles, des serpents et des salamandres, *que font* les cigognes? — Pour prendre la poussière des fleurs et en sucer le miel, *que font* les abeilles? — Pour qu'ils ne souffrent pas du froid, *que font*, à l'approche de l'hiver, la plupart des animaux? — Pour que l'eau ne les mouille pas, *que font* les canards? — Pour respirer l'air, *que font* les poissons?— Pour prendre des mouches, *que fait* l'araignée? Pour être bon soldat, *que faut-il faire?*

Modèle de l'exercice.

QUESTION : Pour qu'une poule qui couve ne quitte pas les œufs non éclos, pour courir après les premiers poussins, *que fait-on?* RÉPONSE : *On lui enlève ses premiers poussins.* L'élève dira donc : ON ENLÈVE A UNE POULE QUI COUVE LES PREMIERS POUSSINS, *afin qu'elle ne quitte pas les œufs non éclos pour courir après eux.* La proposition principale est : *On enlève à une poule qui couve les premiers poussins,* et cette proposition est amenée, comme on le voit, par la réponse.

N° XXXII.

DES DIVERSES SORTES DE PROPOSITIONS PRINCIPALES.

Il y a diverses sortes de propositions principales : la principale *absolue,* et la principale *relative.*

La proposition principale *absolue* est celle qui, par elle-même, a un sens complet ; elle ne dépend d'aucune proposition précédente ou subséquente, et est généralement la première énoncée. La proposition principale *relative* est celle qui s'adjoint à la principale absolue, pour concourir au développement de la pensée.

Dans chaque phrase ou période, il n'y a qu'une proposition principale absolue, les autres propositions sont des propositions subordonnées ou relatives.

Exemples.

1. *Dieu existe :* tous les peuples reconnaissent son existence, lors même qu'ils vivent encore dans l'état le plus sauvage.
2. *Je crois* que la vertu est préférable à tous les biens : l'homme qui s'en écarte s'éloigne du bonheur.

3. *La vertu est toujours honorable*; elle donne quelque chose d'auguste au malheur.

4. *Le soleil est immobile*; on a cru long-temps le contraire.

Exercice synthétique.

PROPOSITIONS A FORMER.

(Trouver la proposition principale.)

Quel est l'animal qui n'est pas aussi féroce ni aussi sanguinaire que le tigre, et qui cependant est l'animal le plus fort? — Quel est l'animal qu'il faut se garder d'exciter, quoique ce ne soit pas un animal méchant? — Quel est l'animal dont il ne faut pas moins se méfier constamment, quoiqu'on soit parvenu à l'apprivoiser? — Le mugissement de quoi est plus terrible encore que le rugissement du lion n'est effrayant? — Sont-ce les hommes qui honorent les places, ou les places qui honorent les hommes? — Les sciences ont-elles des racines amères, et les fruits en sont-ils doux? — Quel est l'homme qui ne porte envie à personne, mais qui envie l'avantage qu'ont les riches de pouvoir faire des heureux? — La Providence, qui a donné au lion une force qu'elle a refusée à la fourmi, a-t-elle donné à la fourmi une adresse qu'elle n'a pas accordée au lion? — Le menteur qui promet beaucoup tient-il beaucoup aussi? — L'homme de bien, qui n'est ni avare ni prodigue, se renferme-t-il dans les bornes d'une sage économie?

Modèle de l'exercice.

QUESTION : Quel est l'animal qui n'est pas aussi féroce ni aussi sanguinaire que le tigre, et qui cependant est l'animal le plus fort? RÉPONSE : *Le lion*. Ce sujet trouvé, il faut former la proposition principale ; l'élève dira donc : LE LION EST L'ANIMAL LE PLUS FORT, *mais il n'est pas aussi féroce ni aussi sanguinaire que le tigre.* La première proposition est principale, la seconde est relative.

CHAPITRE DIXIÈME.

DE LA PROPOSITION INCIDENTE.

N° XXXIII.

La proposition *incidente* est celle qui est en quelque sorte enclavée dans une proposition, de manière à ne faire qu'un avec elle; celle qui s'ajoute au sujet ou à l'attribut, soit pour en expliquer, en développer le sens; soit pour en déterminer, en restreindre l'idée.

Le mot qui sert à lier presque toujours une proposition *incidente* à la proposition qu'elle complète, est un *pronom relatif ou une conjonction.*

Exemples.

1. Rome, *qui a été jadis la capitale du monde politique,* est maintenant la capitale du monde chrétien.
2. L'hypocrisie est un hommage *que le vice rend à la vertu.*
3. Je crois *que la vertu est préférable à tous les biens.*
4. Un arbre *qui jette des racines peu profondes,* est facilement renversé par le vent.
5. La poule craquette, *quand elle veut pondre.*
6. Les vaches beuglent *quand elles ont faim.*

Exercice synthétique.

PROPOSITIONS A FORMER.

(Trouver la proposition incidente commençant par un pronom relatif ou une conjonction.)

Quel est le bois qui brûle difficilement? — Quel est le bétail qui ne prospère pas? — Quel est le champ qui n'est pas fertilisé? — Quelle est l'herbe des prairies qui croît promptement? — Quel est le foin qui peut s'enflammer de lui-même? — Quel est l'homme qui ne peut pas être vraiment heureux? — Quel est le maître qui est ordinairement mal servi? — Quel est l'homme qui a remporté la plus belle des victoires? — Quels sont les instants qui ne laissent aucun vide après eux? — Qu'est-ce que le général se rappelle avec plaisir? — De quoi se repent l'homme pieux? — Quelles sont les choses qu'on se rappelle le mieux? — De quoi les méchants perdent-ils bien vite le souvenir? — Quand les chevaux battent-ils la terre avec leurs pieds? — Quand les chats rentrent-ils leurs griffes? — Quand les lièvres cherchent-ils à se sauver? — Quand les oies se tiennent-elles sur une jambe? — Quand le sel se liquéfie-t-il?

Modèle de l'exercice.

QUESTION : *Quel est le bois qui brûle difficilement?* RÉPONSE : *Celui qui n'est pas bien sec.* L'élève dira donc : *le bois* QUI N'EST PAS BIEN SEC *brûle difficilement. Le bois brûle difficilement*, voilà la proposition principale ; *qui n'est pas bien sec*, voilà la proposition incidente ; 1° parce qu'elle complète le sujet *bois* ; 2° parce qu'elle commence par un pronom relatif *qui*.

N° XXXIV.

DES DIVERSES SORTES DE PROPOSITIONS INCIDENTES.

Il y a deux sortes de propositions incidentes ; l'incidente *déterminative* et l'incidente *explicative*.

DE LA PROPOSITION DÉTERMINATIVE.

La proposition *déterminative* est celle qui est ajoutée au sujet ou à l'attribut d'une autre proposition, pour en exprimer quelque circonstance indispensable, de manière qu'on ne peut la retrancher sans détruire ou dénaturer le sens de la proposition à laquelle elle se rapporte ; elle commence par un des pronoms relatifs, *qui*, *que*, *où*, *donc*, etc.

Exemples.

1. Les passions *qui font le plus de ravages* sont l'ambition et l'avarice.
2. La gloire *qui vient de la vertu* est préférable à celle qui s'acquiert par les armes.
3. Les espérances *que j'avais conçues* sont détruites.
4. Tout homme doit savoir oublier l'injure *qu'il a reçue.*
5. L'avare met son bonheur et sa gloire à grossir un trésor *qui ne lui sert de rien.*
6. La mère expose sa vie pour l'enfant *qu'elle a élevé.*

Exercice synthétique.

PROPOSITIONS A FORMER.

(Transformer les propositions interrogatives en propositions énonciatives.)

L'ennui n'est-il pas une maladie *dont le travail est le remède?* — La religion n'est-elle pas le lien *qui attache l'homme à Dieu?* — Le plus grand plaisir *qu'un honnête homme puisse ressentir*, n'est-ce pas de faire plaisir à ses amis? — La plus noble vengeance *qu'on puisse tirer de ses rivaux*, n'est-ce pas de les surpasser en talent et en vertu? — L'honneur et la droiture ne sont-elles pas des qualités *qui nous portent à juger favorablement des autres?* — La vertu n'est-elle pas un manteau *qui reste toujours dans les mauvais temps?* — Le bien *que l'on a fait la veille* ne fait-il pas le bonheur du lendemain? — La mémoire des malheureux *qu'on a soulagés* ne donne-t-elle pas un plaisir qui renaît sans cesse? — Celui *qui est dans la prospérité* ne doit-il pas craindre d'en abuser? — La flatterie n'est-elle pas une fausse monnaie *qui n'a de cours* que par notre vanité? — Celui *qui se connaît* ne sait-il pas ce *qui lui est utile?* — Ordinairement l'homme *qui sait le moins* n'est-il pas celui qui se plaît davantage à contredire? — La clef *dont on se sert* n'est-elle pas toujours claire?

Modèle de l'exercice.

QUESTION : *L'ennui n'est-il pas une maladie dont le travail est le remède?* RÉPONSE : *Oui, l'ennui est une maladie* DONT LE TRAVAIL EST LE REMÈDE. L'élève dira donc : *L'ennui est une maladie* DONT LE TRAVAIL EST LE REMÈDE. Cette dernière proposition, *dont le travail est le remède*, est une proposition incidente déterminative, puisqu'elle exprime une circonstance du mot *maladie*, et qu'on ne pourrait la retrancher sans dénaturer le sens de la phrase.

N° XXXV.

DE LA PROPOSITION EXPLICATIVE.

La proposition incidente *explicative* est celle qui n'est ajoutée au sujet ou à l'attribut d'une autre proposition, que pour expliquer ce sujet ou cet attribut, que pour y ajouter quelques développements qui ne sont pas rigoureusement nécessaires : de sorte que cette incidente pourrait-être supprimée sans détruire ni même dénaturer le sens de la proposition à laquelle elle se rapporte.

Les propositions incidentes explicatives se placent généralement entre deux virgules.

Exemples.

1. Les passions, *qui sont les maladies de l'ame*, viennent de notre révolte contre la raison.
2. Le lion, *qui est un animal féroce*, est sensible à de bons procédés.
3. Les Phéniciens, *qui attendaient le vent*, ne paraissaient pas moins impatients que les Salentins de continuer leur navigation.
4. Les troupes, *qui étaient campées* autour de la ville, se mirent en marche.

Exercice synthétique.

PROPOSITIONS A FORMER.

(Les mots entre parenthèses serviront à former une proposition incidente explicative.)

L'homme (*animal raisonnable*) devrait s'attacher à régler ses passions. — L'espérance (*bienfait chimérique*) est pourtant le bien le plus précieux pour l'homme. — La bonté (*qualité précieuse*) ne doit point dégénérer en faiblesse. — Le temps (*toujours changeant*) ne nous a pas promis un bonheur sans mélange. — Ulysse (*roi d'Ithaque*) était un homme d'un esprit fin et rusé. — Le cerisier (*arbre fruitier*) a l'écorce lisse. —

Modèle de l'exercice.

L'homme (animal raisonnable) *devrait s'attacher à régler ses passions.* Voilà une proposition ; il s'agit d'en former deux, dont une soit incidente explicative. L'élève dira donc: *L'homme,* QUI EST UN ANIMAL RAISONNABLE, *devrait s'attacher à régler ses passions.* La proposition *qui est un animal raisonnable* est une proposition incidente explicative; 1° parce qu'elle n'est ajoutée au sujet *homme* que pour l'expliquer ; 2° parce qu'on pourrait la retrancher sans nuire au sens de la phrase.

N° XXXVI.

AUTRES SORTES D'INCIDENTES EXPLICATIVES.

Toute proposition incidente qui peut être déplacée sans nuire au sens de la phrase, est *une incidente explicative*.

Exemples.

1. Je partirai, *si vous le voulez*. On pourrait dire : SI VOUS LE VOULEZ, *je partirai*.
2. Les Gaulois se retirèrent *après qu'ils eurent saccagé Rome*. On pourrait commencer la phrase ainsi, *après que les Gaulois*, etc.
3. Je serais bien malheureux *si j'étais trompé dans mes espérances*.
4. L'homme serait heureux *s'il pratiquait la vertu*. On pourrait dire : S'IL PRATIQUAIT LA VERTU, *l'homme*, etc.
5. Il vous écrivit, *lorsqu'il eut fini*. On pourrait dire : LORSQU'IL EUT FINI, *il vous écrivit*.

Exercice synthétique.

PROPOSITIONS A FORMER.

(Convertir les propositions interrogatives en propositions énonciatives.)

Dieu n'absout-il pas *aussitôt qu'il voit la pénitence dans le cœur ?* — Le docteur n'instruit-il plus *dès qu'il devient pédant ?* — Dieu n'accorde-t il pas quelquefois le sommeil aux méchants, *afin que les bons soient tranquilles ?* — Ne faut-il pas que tu fasses du bien aujourd'hui, *puisque tu vis encore ?* — Ne fut-il pas des citoyens, *avant qu'il fût des maîtres ?* — Ne faut-il pas bonne mémoire *après qu'on a menti ?* — Ne va-t-on pas bien loin *sitôt qu'on se fourvoie ?*

Modèle de l'exercice.

QUESTION : *Dieu n'absout-il pas* AUSSITÔT QU'IL VOIT LA PÉNITENCE DANS LE COEUR ? RÉPONSE : *Oui, Dieu absout aussitôt qu'il voit la pénitence dans le cœur.* L'élève dira donc : *Dieu absout* AUSSITÔT QU'IL VOIT LA PÉNITENCE DANS LE COEUR, et cette dernière proposition est une incidente explicative ; puisqu'elle peut être déplacée sans nuire au sens. En effet, on peut dire : AUSSITÔT QUE DIEU VOIT LA PÉNITENCE DANS LE COEUR, *il absout*.

CHAPITRE ONIÈME.

DE LA PROPOSITION,

CONSIDÉRÉE SOUS LE RAPPORT DE LA CONSTRUCTION.

N° XXXVII.

Considérées sous le rapport de la construction, les propositions, qui alors prennent plus particulièrement le nom de *phrases*, sont *directes*, *inverses*, *pleines*, *elliptiques*, *explétives*, ou enfin *implicites*.

La proposition est *directe*, quand les parties qui la composent se succèdent selon l'ordre analytique de la pensée, c'est-à-dire, lorsque le sujet est énoncé en premier lieu, ensuite le verbe, puis l'attribut; lorsque le complément du sujet et de l'attribut se trouve immédiatement placé après eux.

N° XXXVIII.

DES PROPOSITIONS INVERSES.

Les propositions *inverses* sont celles qui ne commencent pas par le sujet, ou dont l'attribut n'est pas immédiatement placé après le verbe, ou encore dont l'un des compléments du sujet ou de l'attribut précède ce sujet ou cet attribut au lieu de le suivre.

INVERSION DU SUJET.

Il y a inversion du sujet toutes les fois que le sujet est placé après le verbe.

Exemples.

1. Ainsi finit *l'empire romain*.
2. L'univers est un temple où siége *l'Éternel*.
3. La liberté périt où règne *la licence*.
4. La colère ne sert à rien où manque *le pouvoir*.
5. Que peuvent contre Dieu *tous les rois de la terre?*

6. Quels combats se livrent *les passions* dans un cœur faible.

Exercice synthétique.

PROPOSITIONS A FORMER.

(Convertir les propositions suivantes en propositions inverses.)

Ce grand homme finit ainsi. — Là la cerise rougit, ici la mûre noircit. — Le ciel me préserve de jamais vous soupçonner ! — C'est là que Virgile chanta, que Raphaël peignit. — Où l'enfance souriait, le trépas est assis. — Rome, c'est toi que nos transports appellent. — Les cieux nous préservent d'une nouvelle guerre ! — Par ces portes les fières légions sortaient. — Dans leurs yeux entr'ouverts d'humides flammes brillent. — Des monts foudroyés, les graviers et les ondes descendent à grand bruit. — Quels remords il ne se prépare pas ! — Quelles fautes ceux qui s'abandonnent à leurs passions commettent. — Vous m'avez trompé, aussi je ne vous croirai plus. — On voyait une rivière où des îles ornées de tilleuls fleuris se formaient. — A ce mur nos armes sont suspendues.

Modèle de l'exercice.

Ce grand homme finit ainsi, voilà une proposition directe; il s'agit de la rendre inverse quant au sujet. L'élève dira donc : *Ainsi finit ce grand homme.*

N° XXXIX.

INVERSION DE L'ATTRIBUT.

Il y a inversion de l'attribut, toutes les fois qu'il n'est point placé immédiatement après le verbe.

Exemples.

1. *Maudit* soit l'auteur de cet ouvrage !
2. *Bénit* soit le Seigneur !
3. *Tel* est du préjugé le pouvoir ordinaire.
4. *Malheureux* est celui qui oublie la vertu.
5. *Heureux* est le roi soutenu par de sages conseils.

Exercice synthétique.

PROPOSITIONS A FORMER.

(Transposer l'attribut.)

Que le Dieu des miséricordes soit *béni!* — Le Dieu des armées soit *loué!* — Le père est *tel,* le fils est *tel.* — L'homme qui est sourd à la voix de sa conscience est *malheureux.* — Qui mal y pense soit *honni.* — L'homme qui sait se contenter de peu est *heureux.* — Que le fils qui méconnaît son père soit *maudit.* — Ma volonté est *telle.* — Ce peuple est *heureux.* — La flatterie est *perfide.* — Le Seigneur est *puissant.* — La persuasion est *douce.*

Modèle de l'exercice.

Le Dieu des miséricordes soit BÉNI. Cette proposition est directe; il faut la rendre inverse dans son attribut. L'élève dira donc : BÉNI *soit le Dieu des miséricordes.*

Nº XL.

DE L'INVERSION DU COMPLÉMENT DIRECT.

Il y a inversion du complément direct, quand ce complément se trouve placé avant un verbe actif au lieu de le suivre.

Exemples.

1. *Quels combats* se livrent les passions dans un cœur.
2. *Que* peut craindre un grand cœur ?
3. *Chemin* faisant, il vit le cou du chien pelé.
4. Puis en autant de parts *le cerf* il dépeça.
5. Le trépas vient *tout* guérir.
6. Un jeune Mantouan *belle femme* épousa.

Exercice synthétique.

PROPOSITIONS A FORMER.

(Transposer le complément direct.)

Le pauvre Eschyle ainsi sut avancer *ses jours.* — Ne puis-je

donc, monsieur, interroger *un gros poisson?* — **Je pro-**
tégerai *te.* — **Et** mangerai *la belette.* — **J'ai** abandonné *tout*
pour toi. — **Je** n'ai négligé *rien.* — **J'ai** osé *tout* pour lui. —
La vertu a formé *quels héros!* — **Nos** troupes ont remporté
quelles victoires! — **N'ont-elles** pas cueilli *quels lau-*
riers! — **Les** hommes trouvent à se nuire quels plaisirs? —
Tous les rois de la terre peuvent *que* contre le roi du ciel?

Modèle de l'exercice.

Le pauvre Eschyle ainsi sut avancer SES JOURS. Voilà une
proposition dont il faut transposer le régime direct; l'élève
dira donc : *Le pauvre Eschyle ainsi sut* SES JOURS *avancer.*

N° XLI.

INVERSION DU COMPLÉMENT INDIRECT.

Il y a inversion du complément indirect quand ce complément est placé avant le verbe ou l'adjectif au lieu de le
suivre.

Exemples.

1. *Au roi* appartient le droit de faire grâce.
2. *Aux grands crimes* toujours on parvient pas à pas.
3. L'innocence *à rougir* n'est pas accoutumée.
4. *Au travers des périls* un grand cœur se fait jour.
5. L'Éternel *dans sa main* tient seul nos destinées.
6. *Par d'illustres efforts* les grands cœurs se connaissent.

Exercice synthétique.

PROPOSITIONS A FORMER.

(Transposer le complément indirect.)

L'amour-propre s'offense *d'un bienfait divulgué.* — Trop
de promptitude nous expose *à l'erreur.* — On triomphe
sans gloire *à vaincre sans péril.* — Cherchons notre bonheur *dans le bonheur d'autrui.* — Mentor se trouvait *vers*
le centre de l'armée. — N'accusons que nous-mêmes *de nos*
maux. — Le génie et la vertu se fraient une route *à travers*
les obstacles. — Jamais un grand cœur ne s'abat *sous les*
malheurs. — Le malheur des hommes naît souvent *du désir*

d'être heureux. — Tôt ou tard on succombe *à s'exposer au danger.* — Toute paix est bannie *de l'ame du méchant.* — La solitude est chère *aux malheureux.*

Modèle de l'exercice.

L'amour-propre s'offense D'UN BIENFAIT DIVULGUÉ. Voilà une proposition dont il faut transposer le régime indirect; l'élève dira donc : D'UN BIENFAIT DIVULGUÉ *l'amour-propre s'offense.*

N° XLII.

INVERSION DU COMPLÉMENT DU SUJET ET DU RÉGIME DIRECT.

Il y a inversion du complément du sujet et du régime direct, toutes les fois que ce complément est placé avant le sujet ou le régime direct au lieu de les suivre.

Exemples.

1. *De la vertu* les charmes sont puissants.
2. Toujours *d'un bon auteur* la lecture profite.
3. *Des esprits médiocres* la malice est extrême.
4. Telle est *de l'univers* la constante harmonie.
5. *De la vertu* le crime prend souvent la voix.
6. On doit *des malheureux* respecter la misère.

Exercice synthétique.

PROPOSITIONS A FORMER.

(Transposer le complément du sujet ou du régime direct.)

Vous connaissez l'empire *de la prévention.* — Les lois *de la vertu* sont éternelles. — On veut cacher la trace *d'une action défendue.* — On plaindra la douleur *d'une mère offensée.* — Celui qui met un frein à la fureur des flots, sait aussi arrêter les complots *des méchants.* — Fuyons les louanges trompeuses *des flatteurs.* — Le sage, dans toutes ses actions, écoute la voix *de son cœur.* — On reconnaît aisément le langage *des méchants.* — La fortune *du méchant* est quelquefois prospère. — L'homme de bien méprise les propos *des méchants.* — Le rêve *du coupable* est son premier supplice.

Modèle de l'exercice.

Vous connaissez l'empire DE LA PRÉVENTION. Voilà une proposition ; le régime direct est *empire*; son complément est *de la prévention.* Il faut transposer ce complément. L'élève dira donc : DE LA PRÉVENTION *vous connaissez l'empire.* Par cette transposition, la proposition devient inverse.

N° XLIII.

INVERSION DU QUALIFICATIF.

Il y a inversion du qualificatif, soit adjectif, soit participe présent ou passé, quand il est placé avant le mot auquel il se rapporte au lieu de le suivre.

Exemples.

1. *Ardente* dans ses projets, la jeunesse se perd souvent par sa témérité.
2. *Inconstant* dans ses projets, l'homme parvient rarement au but.
3. *Livré* à toutes ses passions, il s'écarte presque toujours du sentier de la raison.

Exercice synthétique.

PROPOSITIONS A FORMER.

(Transposer le qualificatif.)

Le coupable, *triomphant ou puni*, est infâme. — Les vertus humaines, *nées* le plus souvent dans l'orgueil, y trouvent quelquefois leur tombeau. — Le conquérant, *semblable* à un torrent, porte partout le ravage et la désolation. — La vie, *confiée* par le ciel, est un dépôt dont l'homme ne peut disposer. — Les faux talents, *souples*, adroits et jamais rebutés, sont hardis, effrontés. — Le cheval, docile à la voix de son maître, sait réprimer ses mouvements impétueux. — L'égoïste, toujours *occupé* de lui, ne songe pas aux infortunes des autres.

Modèle de l'exercice.

Le coupable TRIOMPHANT *ou puni, est infâme.* Voilà une proposition ; le qualificatif est *triomphant* ou *puni ;* ce qualificatif est ici placé après le mot qu'il qualifie ; il faut le transposer. L'élève dira donc : TRIOMPHANT OU PUNI, *le coupable est infâme.*

N° XLIV.

INVERSION DE L'ADVERBE.

Il y a inversion de l'adverbe toutes les fois qu'il est placé avant le verbe, l'adjectif ou le participe qu'il modifie.

Exemples.

1. *Jamais* la vertu n'est sans récompense.
2. *Tout-à-coup* au dehors un bruit se fait entendre.
3. *Toujours* au plus grand nombre on doit s'accommoder.
4. *Quelquefois* le péril fait taire la prudence.
5. *Déjà* j'entends des mers mugir les flots troublés.
6. *Presque toujours* les apparences sont trompeuses.

Exercice synthétique.

PROPOSITIONS A FORMER.

(Transposer l'adverbe.)

Quelques crimes précèdent *toujours* les grands crimes. — Des trésors, la soif ne me tourmente *jamais*. — Les hommes valent *rarement* mieux que leurs apparences. — La justice s'abuse *quelquefois*. — Un larcin ne profite *jamais*. — La victoire est *quelquefois* fatale au vainqueur. — Un vice dans un autre nous plonge *toujours*. — De la vertu, le manteau respectable est *souvent* endossé par des fripons. — De son destin l'homme n'est *jamais* satisfait.

Modèle de l'exercice.

Quelques crimes précèdent TOUJOURS *les grands crimes.* Voilà une proposition directe ; l'adverbe est *toujours ;* il faut transposer cet adverbe. L'élève dira donc : TOUJOURS *quel-*

ques crimes *précèdent les grands crimes.* Par cette transposition la proposition devient inverse.

CHAPITRE DOUZIÈME.

DES PROPOSITIONS

PLEINES ET ELLIPTIQUES.

N° XLV.

La proposition est *pleine* quand aucune de ses parties constitutives (le sujet, le verbe et l'attribut) n'est omise ; elle est *elliptique*, s'il lui manque une ou plusieurs de ses parties.

ELLIPSE DU SUJET.

Dans une proposition il peut y avoir ellipse du *sujet.*

Exemples.

1. *Pleure* qui voudra Rome. (Pour : *Celui-là pleure* Rome qui voudra la pleurer.)
2. *Plût* aux dieux qu'on réglât ainsi tous les procès ! (Pour : Je voudrais qu'*il plût* aux dieux, etc.)
3. *Écrive* qui voudra. (Pour : *Celui-là écrive* qui voudra écrire.)
4. *Tâchons* de mériter l'estime des gens de bien. (Pour : *Nous tâchons* de mériter, etc.
5. *Ci gît* qui ne fut rien. (Pour : *Un homme ci gît.*)

Exercice synthétique.

PROPOSITIONS A FORMER.

(Supprimer le sujet.)

Nuit et jour, à tout venant, je chantais, que *cela* ne vous déplaise. — Que *cela* ne plaise aux dieux que je fasse toute avec vous. — Que *celui-là* se charge qui voudra d'affaires plus pressantes. — Que *celui-là* tienne qui voudra contre de si grandes extrémités. — *Nous* promettons selon nos espérances, et *nous* tenons selon nos craintes. — *Celui-là* qui donne pour recevoir ne donne rien. — *Celui-là* qui vécut sans remords doit mourir sans tourments. — *Celui-là* qui craint Dieu n'a pas à craindre les hommes. — *Celui-là* est indigne de vivre, qui peut vivre dans l'infamie.

Modèle de l'exercice.

Nuit et jour, à tout venant, je chantais, que CELA ne vous déplaise. Dans cette phrase, le sujet qu'il faut supprimer est *cela*. L'élève dira donc : *Nuit et jour, à tout venant, je chantais,* NE VOUS DÉPLAISE. Cette ellipse donne plus de rapidité à l'expression.

N° XLVI.

ELLIPSE DU VERBE.

On peut quelquefois, dans une proposition, supprimer le verbe.

Exemples.

1. Ils sont mes amis, *et vous*, mon ennemi (pour *et vous* ÊTES mon ennemi).
2. L'un est timide, *l'autre*, hardi (pour *l'autre* EST *hardi*).
3. Heureux *celui* qui vit loin des hommes (pour *heureux* EST celui qui etc.).
4. Point de grâce pour les méchants (c'est-à-dire, *qu'il* N'Y AIT *point de grâce*, etc.).

Exercice synthétique.

PROPOSITIONS A FORMER.

(Supprimer le verbe.)

La douleur est un siècle, et la mort *est* un moment. — La complaisance nous fait des amis, et la vérité nous *fait* des ennemis. — Heureux *sont* ceux dont on ne parle pas. — Malheureux *est* qui n'attend son bonheur que du temps. — Infortuné *est* celui dont les passions ne connaissent aucun frein. — Le vrai mérite est modeste, et la sottise *est* remplie d'orgueil. — On façonne les plantes par la culture et l'on *façonne* les hommes par l'éducation. — La constance vient de la stabilité du caractère, comme l'inconstance vient de la légèreté. — L'importance est le masque de la vérité; la fausseté *est* une imposture naturelle; la dissimulation *est* une imposture réfléchie; la fourberie *est* une imposture qui veut nuire ; la duplicité *est* une imposture qui a deux faces. La vie nous paraît courte et les heures nous *paraissent* longues. — Son regard est brûlant, ses pas *sont* désordonnés. Vous régnez; Londres est libre, et vos lois *sont* florissantes.

Modèle de l'exercice.

La douleur est un siècle, et la mort EST *un moment.* Dans cette phrase on peut retrancher le verbe ; l'élève dira donc : *La douleur est un siècle, et la mort un moment.*

N° XLVII.

ELLIPSE DE L'ATTRIBUT.

On peut retrancher *l'attribut* d'une proposition.

Exemples.

1. Socrate était d'une grande patience (pour *Socrate était* DOUÉ *d'une*, etc.).
2. Ces présents sont *pour* vous (au lieu de *ces présents sont* DESTINÉS *pour vous*).
3. La maison est *en* cendres (pour *la maison est* RÉDUITE *en cendres*).
4. Réfléchir est *d'un* sage (c'est-à-dire *réfléchir est le* FAIT *d'un sage*).

Exercice synthétique.

PROPOSITIONS A FORMER.

(Supprimer l'attribut.)

Se vaincre est *le fait* d'un héros, pardonner est *le fait* d'un Dieu. — La mer Caspienne est *située* en Asie. — Ce sage vieillard était *doué* d'une éloquence persuasive. — Le bonheur qu'excite l'envie est ordinairement *un bonheur* de courte durée. — L'homme qui est *plongé* dans le malheur doit se rendre digne d'un meilleur sort, en montrant un courage égal à son infortune. — Errer est le *fait* d'un mortel, se glorifier de ses erreurs est *le fait* d'un sot. — Les pyramides d'Égypte sont *situées* près du Kaire. — Les grâces sont *l'apanage* de tous les âges.—Agir par instinct est *le fait* d'une brute ; penser avec liberté est *le fait* d'un homme — La ville entière était *réduite* en cendres. — Les plus riches carrières de marbre sont *situées* en Italie.

Modèle de l'exercice.

Se vaincre est LE FAIT *d'un héros, pardonner est* LE FAIT *d'un Dieu.* L'élève doit retrancher l'attribut ; il dira donc : *se vaincre est d'un héros ; pardonner est d'un Dieu.*

N° XLVIII.

ELLIPSE DU VERBE ET DE L'ATTRIBUT.

Quelquefois on peut sous-entendre le verbe et l'attribut d'une proposition.

Exemples.

1. La France est située en Europe, et l'Égypte en Afrique (abrégé de *et l'Égypte* EST SITUÉE *en Afrique.*)
2. Il étudie plus que vous (sous-entendu *n'étudiez.*)
3. Vous travaillez autant que nous (sous-entendu *travaillons.*)
4. Son courage, son intrépidité étonne (abrégé de *son courage* ÉTONNE, *son intrépidité* ÉTONNE.)
5. Les vieillards, les enfants, les femmes, tout fut massacré (abrégé de : *les vieillards* FURENT MASSACRÉS, *les enfants* FURENT MASSACRÉS, *les femmes* FURENT MASSACRÉES, *tout fut massacré.*)

Exercice synthétique.

PROPOSITIONS A FORMER.

(Retrancher le verbe et l'attribut.)

Rien n'est plus odieux qu'un ingrat *est odieux.* — La mort est aussi naturelle que la vie *est naturelle.* — La honte *arrêta son bras,* ou la crainte arrêta son bras. — La douceur *captive tous les cœurs,* l'affabilité captive tous les cœurs. — L'ignorance vaut mieux qu'un savoir affecté *ne vaut.* — Les grands *n'échappent pas à la mort,* et les petits *n'échappent pas à la mort*, personne n'échappe à la mort. — On a toujours raison, le destin *a* toujours tort.

Modèle de l'exercice.

Rien n'est plus odieux qu'un ingrat EST ODIEUX. Le verbe et l'attribut de la seconde de ces propositions doivent être retranchés; l'élève dira donc : *Rien n'est plus odieux qu'un ingrat.*

Nº XLIX.

ELLIPSE DU SUJET, DU VERBE ET DE L'ATTRIBUT.

Enfin souvent on peut retrancher tout à la fois le sujet, le verbe et l'attribut.

Exemples.

1. Que voulez-vous? *Votre amitié* (c'est-à-dire JE VEUX *votre amitié*).
2. Quand viendra-t-il? *Demain* (c'est-à-dire IL VIENDRA *demain*).
3. Sire, justice (c'est-à-dire JE DEMANDE *justice.*)
4. *Au fait* (c'est-à-dire VENEZ *au fait*).
5. Serviteur, dit-il, et *de courir* (c'est-à-dire : ET IL SE HATE *de courir*).
6. Point d'argent, point de Suisses (c'est-à-dire : quand IL N'Y A *point d'argent*, IL N'Y A *point de Suisses*).

Exercice synthétique.

PROPOSITIONS A FORMER.

(Supprimer le sujet, le verbe et l'attribut.)

Il n'y a point de grâce pour les méchants. — Chez moi, *il n'y a* pas un valet qui ne soit despotique. — *Vous ayez* un peu plus de pouvoir sur vous-même. — Je vous le pardonne, *vous avez* trop de bonté. — Encore! *tu auras* cent autres coups pour cette autre impudence. — Allons, *il faut avoir* de la gaîté. — *Il faut avoir* des mœurs, ô mon ami! rien ne dispense d'elles. — Que de fausses raisons *on me* donne pour me cacher le vrai! — Pourquoi, seigneur, pourquoi *montrez-vous* ces marques de douleur? — Çà, *donnez* la main. — A quoi bon *vous donner* la main? — *On ne fait rien pour rien ici-bas.* — Quels contes *me faites-vous?*

Modèle de l'exercice.

IL N'Y A *point de grâce pour les méchants.* Il faut retrancher le sujet, le verbe et l'attribut; l'élève dira donc: *Point de grâce pour les méchants.*

Après avoir montré à l'élève à former les différentes espèces de propositions et à comprendre parfaitement la valeur des différentes parties du discours, et la place qu'elles occupent dans les propositions, il nous resterait à lui apprendre comment les propositions s'enchaînent les unes aux autres pour former un discours. Mais, comme cette partie fait l'objet d'un volume spécial, nous ne pouvons qu'y renvoyer. Cet ouvrage a pour titre : *Traité élémentaire de l'art d'écrire;* c'est là que sont traités, avec tous les développements nécessaires, tous les genres de *compositions proprement dites.*

VERS

A METTRE EN PROSE OU A RETOURNER.

1. ON PEUT TOUT CE QU'ON VEUT.

(Vers à mettre en prose.)

Le temps, le soin, la patience,
De tout viennent toujours à bout :
  On peut tout. L'indolence
Trouve seule un obstacle à tout.

—————

2. LA BOUGIE ET LA LANTERNE.

(Vers à mettre en prose.)

Que me sert d'être allumée
Pour être ainsi renfermée ?
Dit à la lanterne, un soir,
Une orgueilleuse bougie.
Hé bien ! me feras-tu voir ?
Pourquoi me cacher ? — Ma mie ,
Afin de vous conserver :
Le vent n'est-il pas à craindre ?
Le vent pourrait vous éteindre ;
Laissez-vous en préserver.

(GUICHARD.)

—————

3. LE HANNETON.

(Vers à mettre en prose.)

Un hanneton frappait l'air de son aile ;
La vanité lui monte à la cervelle :
Ce bruit lui plaît, il bourdonne plus fort.
Est-ce assez ? non : toujours nouvel effort.
Mais, rencontrant un mur, notre étourdi chancelle ,
  Tombe, et trouve la mort.

(NIOCHE.)

—————

4. Sur le temps.

(Vers à mettre en prose.)

Le temps d'un vol égal parcourt en vain l'année ;
Son progrès régulier pour l'homme est différent :
L'homme heureux comme une heure a vu fuir la journée ;
L'heure est un jour entier pour le mortel souffrant.

---

5. La rose et l'amarante (1).

(Vers à mettre en prose.)

Une rose disait à certaine amarante :
Ce n'est pas sans raison qu'on me trouve charmante ;
  Qui n'aimerait l'éclat de ma couleur,
    Et le parfum de mon odeur !
  Regardez-moi, sentez-moi, je vous prie.
    — Hé bien, je vous vois, je vous sens.
— Vous brillez moins, je pense. — Ah ! rose tant chérie,
Je brille moins, d'accord ; mais je vis plus long-temps.

(GUICHARD.)

---

6. De la félicité.

(Vers à mettre en prose.)

D'un modeste réduit préférant le séjour,
Quelquefois sous le chaume elle habite en silence,
Et visite en passant la superbe opulence,
Les palais somptueux, le faste de la cour.

---

7. Le chevreau et le loup.

(Vers à mettre en prose.)

Un insolent chevreau, du haut de son étable,
Crie au loup qui passait : Le gueux ! le misérable !
  — Ce n'est pas de toi, répond-il,
Que part l'insulte ; non, mais de ta seule place.
  Tout faux brave loin du péril,
Croit montrer du courage, et n'a que de l'audace.

(GUICHARD.)

---

(1) Plante d'agrément à fleur d'un rouge pourpré.

8. SUR LE SILENCE.

(Vers à mettre en prose.)

Le silence est souvent l'indice de l'ennui ;
De l'orgueil quelquefois c'est le muet langage ,
Mais il peut devenir l'éloquence du sage,
Qui le garde toujours sur les défauts d'autrui.

---

9. L'APPUI FRAGILE.

(Vers à mettre en prose.)

Sur un roseau sans consistance ,
Un jour un enfant s'appuya ;
Soudain le roseau se brisa ,
Et punit sa folle imprudence.
Son maitre, qui le regardait,
Voulant qu'au petit marmouset
Cette leçon devint utile :
Apprends, lui dit-il, mon ami,
Qu'il vaut mieux être sans appui
Que d'en avoir un trop fragile.

---

10. DES VICES.

(Vers à mettre en prose.)

Les vertus devraient être sœurs,
Ainsi que les vices sont frères :
Dès que l'un de ceux-ci s'empare de nos cœurs,
Tous viennent à la file : il ne s'en manque guères.

---

11. LA CHANDELLE ET LA LANTERNE.

(Vers à mettre en prose.)

Une chandelle, un jour, disait à la lanterne :
Pourquoi de ton foyer me faire une prison ?
Ton vilain œil-de-bœuf (1) rend ma lumière terne :
Ouvre-toi ; qu'à mon gré j'éclaire l'horizon !
La lanterne obéit ; l'autre, qu'y gagne-t-elle ?
Bonsoir ! un coup de vent a soufflé la chandelle.

(LE BAILLY.)

---

(1) Verre de lanterne, épais et ayant une espèce de rond bombé.

12. DES PLAISIRS.

(Vers à mettre en prose.)

Je ne le sais que trop, dans le cours du bel âge,
Quand la nature ardente échauffe nos désirs,
    Nous rend si propres aux plaisirs,
    Il est malaisé d'être sage.
    Cependant, malgré tant d'attrait,
On ne peut trop le dire et le faire connaître,
    C'est dans ce temps-là qu'il faut l'être,
Ou l'on court grand danger de ne l'être jamais.

                       (PAVILLON.)

13. L'ENFANT ET LE CHAT.

(Vers à mettre en prose.)

Tout en se promenant, un bambin déjeunait
    De la galette qu'il tenait.
Attiré par l'odeur, un chat vient, le caresse,
    Fait le gros dos, tourne et vers lui se dresse,
Oh ! le joli minet ! Et le marmot charmé,
Partage avec celui dont il se croit aimé.
Mais le flatteur à peine obtient ce qu'il désire,
    Qu'au loin il se retire.
Ha ! ha ! ce n'est pas moi, dit l'enfant consterné,
    Que tu suivais, c'était mon déjeuné.

                    (GUICHARD.)

14. DE LA RECONNAISSANCE.

(Vers à mettre en prose.)

Que chacun parle bien de la reconnaissance !
    Et que peu de gens en font voir !
D'un service attendu la flatteuse espérance
Fait porter à l'excès les soins, la complaisance.
A peine est-il rendu, qu'on cesse d'en avoir.
De qui nous a servi la vue est importune :
    On trouve honteux de devoir
    Le secours que, dans l'infortune,
On n'avait pas trouvé honteux de recevoir.

                 (Mme DESHOULIÈRES.)

15. LE CHIEN ET LE CHAT.

(Vers à mettre en prose.)

Un chien vendu par son maître,
Brisa sa chaîne, et revint
Au logis qui le vit naître.
Jugez de ce qu'il devint
Lorsque, pour prix de son zèle,
Il fut de cette maison
Reconduit par le bâton
Vers sa demeure nouvelle.
Un vieux chat, son compagnon,
Voyant sa surprise extrême,
En passsant lui dit ce mot :
Tu croyais donc, pauvre sot,
Que c'est pour nous qu'on nous aime !

(FLORIAN.)

16. L'ENFANT ET LE PETIT ÉCU.

(Vers à mettre en prose.)

Possesseur d'un petit écu,
Un enfant se croyait le plus riche du monde.
Le voilà qui fait voir ce trésor à la ronde,
En criant gaîment : J'ai bien lu !
— A merveille, lui dit un sage ;
C'est le prix du savoir que vous avez reçu,
Du savoir tel qu'on peut le montrer à votre âge ;
Mais voulez-vous encore être heureux davantage?
Aspirez, mon enfant, au prix de la vertu :
Vous l'aurez, quand des biens vous saurez faire usage.
L'enfant entendit ce langage:
L'écu, d'après son cœur et sensible et bien né,
A rapporter le double est soudain destiné :
Avec le pauvre il le partage.

(AUBERT.)

17. LOUIS XIV AU PASSAGE DU RHIN.

(Vers à retourner.)

Louis, du feu de son courage les animant,
De sa grandeur se plaint qui au rivage l'attache...
Déjà plus d'un brave est atteint du plomb mortel.
L'onde se plaint et écume sous les coursiers fougueux.

L'orageuse tempête de tant de coups affreux
Tient un temps la fortune douteuse sur les eaux ;
Mais Louis sait bientôt la fixer d'un regard :
Le destin n'oserait balancer à ses yeux.

---

18. DIONYSIUS ET UN ESTRANGIER.

(Vieux style à rajeunir.)

Un estrangier ayant dict et publié par tout qu'il pourroit instruire Dionysius, tyran de Syracuse, d'un moyen de sentir et descouvrir en toute certitude les parties que ses subjects machineroient contre luy, s'il luy vouloit donner une bonne pièce d'argent, Dionysius en estant adverty, le fit appeler à soy, pour s'esclaircir d'un art si nécessaire à sa conservation : cet estrangier luy dict, qu'il n'y avoit pas d'austre art, sinon qu'il luy fist délivrer un talant, et se vantast d'avoir appris de luy un singulier secret. Dionysius trouva cette invention bonne, et luy fist compter six cents escus.

(Essais de MICHEL MONTAIGNE. **Fin du 16ᵉ siècle.** *)*

---

19. FERMETÉ DE ÇANIUS JULIUS.

(Vieux style à rajeunir.)

Canius Julius, noble romain, de vertu et fermeté singulières, ayant esté condamné à la mort par ce marault de Caligula, outre plusieurs merveilleuses preuves qu'il donna de sa résolution, comme il estoit sur le poinct de souffrir la main du bourreau, un philosophe son amy luy demanda : Eh bien Canius, en quelle démarche est à cett'heure vostre ame? que faict-elle? en quels pensements estes-vous ? — Je pensois, luy respondict-il, à me tenir prest et bandé de toute ma force, pour veoir si en cet instant de la mort, si court et si bien, je pourray appercevoir quelque deslogement de l'ame, et si elle aura quelque ressentiment de son issuë; pour, si j'en apprens quelque chose, en revenir donner après, si je puis, advertissement à mes amys. Cettuy-cy philosophe, non seulement jusqu'à la mort, mais en la mort mesme. Quelle assurance estoit-ce, et quelle fierté de courage, de vouloir que sa mort luy servist de leçon, et avoir loisir de penser ailleurs en un si grand affaire?

(Essais de MICHEL MONTAIGNE. **Fin du 16ᵉ siècle** *)*

---

20. BELLE MANIÈRE DE TRAITER UN ENNEMI.

(Vers à retourner.)

Que vos mets le nourrissent largement, s'il a faim ;

Que nos eaux le rafraîchissent soudain, s'il a soif.
Nos soins, nos bienfaits et nos dons versés sur lui,
Sont des charbons de feu amassés sur sa tête.
C'est ainsi, ô mortels! que se venge la vertu.
C'est Dieu seul qui les change, les cœurs sont à lui seul:
Lui seul peut des bons et des méchants ordonner :
C'est à nous de pardonner, à Dieu de punir.

---

21. DE LA FAUSSE NOBLESSE.

(Vers à retourner.)

En vain d'un sang que vous déshonorez tout fiers,
A l'abri de ces noms révérés vous dormez ;
En vain des vertus de vos pères vous vous couvrez,
A mes yeux ce ne sont que des chimères vaines.
En vous je ne vois rien qu'un imposteur, un lâche,
Un menteur, un scélérat, un traître, un perfide,
Un fou dont jusqu'à la furie vont les accès,
Et une branche pourrie d'un tronc fort illustre.

Il est bon, pour mettre les vers en prose, de rompre la mesure, la cadence, autant qu'on peut le faire.

Ces exercices font comprendre comment on doit construire les propositions et les phrases, et par là même apprennent à bien s'exprimer et à bien écrire.

O femmes! c'est à tort qu'on vous nommé timides :
A la voix de vos cœurs vous êtes intrépides.
Pourquoi de vils bourreaux, dans l'empire thébain,
Dévouant Antigone aux horreurs de la faim,
La plongent-ils vivante en une grotte obscure ?
C'est qu'à son frère mort, donnant la sépulture,
Sa main religieuse à la tombe a remis
Ces restes qu'aux vautours la haine avait promis.
Elle savait la loi qui la mène au supplice ;
Mais elle n'a rien vu que son cher Polynice,
Qui, privé du tombeau, réclamait son appui ;
Et pour l'ensevelir elle meurt avec lui.
Qu'a fait cette Eponine à l'échafaud conduite ?
Dans un réduit obscur, où dérobant sa fuite,
Sabinus d'un vainqueur trompa dix ans les coups,
Elle vient partager les périls d'un époux :
De l'amour conjugal ô mémorable exemple !

Par elle un souterrain du bonheur fut le temple.
Aux yeux de Sabinus elle sut chaque jour
Embellir par ses soins le plus affreux séjour :
Des plus sombres échos lui charma la tristesse,
En les adoucissant des soins de la tendresse :
Et du roc qui la nuit les recevait tous deux,
Fit la couche riante où l'hymen est heureux.
N'a-t-on pas vu jadis une femme (1) grand homme
S'opposer dans Palmyre aux ravages de Rome ?
Une autre (2) vers l'Euphrate enchaîné sous sa loi,
Combattre en conquérant et gouverner en roi ?
Noble effort, où, comptant sur une double gloire,
Leurs bras comme leurs yeux leur donnaient la victoire.
Fière Télésilla (3), j'atteste tes exploits.
J'atteste ta valeur qui défendit nos lois,
Jeanne d'Arc : Orléans tremblait pour ses murailles,
Tout-à-coup du hameau t'élançant aux batailles,
Tu parais : le soldat à son honneur rendu
Croit voir l'ange de Dieu dans ses rangs descendu.
Tu combats : l'Anglais perd sa superbe assurance :
Du joug de l'étranger tu délivres la France :
Tu rends libre Orléans et dans Reims étonné
Tu ramènes ton roi qui fuyait détrôné.

(Legouvé.)

VERS REMIS EN PROSE.

O femmes ! c'est à tort qu'on vous nomme timides : vous êtes intrépides à la voix de vos cœurs. Pourquoi dans l'empire thébain, de vils bourreaux, dévouant aux horreurs de la faim, -dans une grotte obscure la plongent-ils vivante ? C'est que, donnant la sépulture à son frère mort, sa main religieuse a remis à la tombe ces restes que la haine avait promis aux vautours. Elle savait la loi qui au supplice la mène ; mais elle n'a rien vu que son cher Polynice qui réclamait son appui, privé du tombeau, et elle meurt avec lui pour l'ensevelir. Qu'a fait cette Éponine conduite à l'échafaud ? Elle vient partager les périls d'un époux dans un réduit obscur où Sabinus, dérobant sa fuite, trompa dix ans les coups d'un vainqueur. O mémorable exemple de l'amour conjugal ! un souterrain fut par elle le temple du bonheur. Chaque jour aux yeux de Sabinus elle sut par ses soins embellir le plus affreux séjour ; lui charma la tristesse des plus sombres échos en les adoucissant des soins de la tendresse ; et du roc qui tous deux les recevait fit la couche riante où est heureux l'hymen. Jadis n'a-

---

(1) Zénobie. (2) Sémiramis. (3) D'Argos.

t-on pas vu une femme grand homme aux ravages de Rome s'opposerdans Palmyre? Uneautre combattre en conquérant et gouverner en roi, vers l'Euphrate, sous sa loi enchaîné. Noble effort, où, sur une double gloire comptant, leurs bras comme leurs yeux leur donnaient la victoire. J'atteste tes exploits, fière Télésilla. Jeanne d'Arc, j'atteste ta valeur qui défendit nos lois : Orléans tremblait pour ses murailles. Tout-à-coup t'élançant du hameau, tu parais aux batailles ; le soldat rendu à son honneur croit voir l'ange de Dieu descendu dans ses rangs. Tu combats : l'Anglais perd son assurance superbe : tu délivres la France du joug de l'étranger, tu rends libre Orléans, et tu ramènes dans Reims étonné ton roi qui fuyait détrôné.

Cet exemple montre que l'inversion et l'ellipse sont d'un fréquent usage en vers : le rhythme et la rime forcent à recourir souvent à ces constructions figurées.

Nous allons faire voir les divers changements que l'on peut faire subir aux vers sous le rapport de la construction.

VERS DE RACINE.

Hélas ! l'état horrible où le ciel me l'offrit
Revient à tout moment effrayer mon esprit.

Changements.

Hélas ! l'*horrible état* où me l'offrit *le ciel à tout moment* revient effrayer mon esprit.

Hélas ! *à tout moment revient effrayer mon esprit,* l'état horrible où le ciel me l'offrit.

L'état horrible où le ciel me l'offrit, *hélas ! à tout moment,* revient effrayer mon esprit.

De princes égorgés la chambre était remplie :

Changements.

La chambre était remplie *de princes égorgés.*

De princes égorgés était remplie *la chambre.*

La chambre de *princes égorgés* était remplie.

> Un poignard à la main, l'implacable Athalie
> Au carnage animait ses barbares solda's,
> Et poursuivait le cours de ses assassina's.

Changements.

Athalie l'implacable, un poignard à la main, animait *au carnage* ses soldats barbares, et de *ses assassinats* poursuivait le cours.

L'implacable Athalie, *tenant un poignard à la main*, animait *au carnage* ses soldats *barbares*, et poursuivait le cours de ses assassinats.

Un poignard à la main, l'implacable Athalie, *animant* au carnage ses barbares soldats, poursuivait le cours de ses assassinats.

Poursuivant le cours de ses assassinats, l'implacable Athalie, un poignard à la main, animait *au carnage* ses barbares soldats.

> Joas, laissé pour mort, soudain frappe ma vue.

Changements.

Laissé pour mort, Joas frappe *soudain* ma vue.
Soudain frappe ma vue, *Joas laissé pour mort*.
Joas, *qui avait été laissé* pour mort, soudain frappe ma vue.

> Je me figure encor sa nourrice éperdue
> Qui devant ses bourreaux s'était jetée en vain,
> Et faible le tenait renversé sur son sein.

Changements.

Je me figure encore sa nourrice éperdue qui *en vain* s'était jetée *devant les bourreaux*, et faible *sur son sein* le tenait renversé.

Je me figure encore sa nourrice éperdue, qui, devant les bourreaux *s'étant jetée* en vain, faible le tenait renversé sur son sein

Sa nourrice éperdue, qui, devant les bourreaux s'était jetée *en vain, je me la figure encore* faible le *tenant* renversé sur son sein.

> Je le pris tout sanglant. En baignant son visage,
> Mes pleurs du sentiment lui rendirent l'usage :
> Et soit frayeur encore ou pour me caresser,
> De ses bras innocents je me sentis presser.

Changements.

Tout sanglant je le pris. En baignant son visage, mes pleurs lui rendirent *l'usage du sentiment;* et, soit frayeur encore, ou pour me caresser, je me sentis presser *de ses bras innocents.*

Je le pris tout sanglant. *Mes pleurs,* en baignant son visage, lui rendirent l'usage *du sentiment.* Et, soit *qu'il eût de la frayeur encore* ou pour me caresser, je me sentis presser *de ses bras innocents,* etc.

Comme on le voit, on peut donner à la même phrase plusieurs tournures, c'est-à-dire la construire de différentes manières; on peut la rendre directe ou inverse, pleine ou elliptique.

On doit observer que la tournure prise par l'auteur est supérieure aux autres constructions. Quiconque écrit doit chercher la construction qui est le plus en harmonie avec le sujet qu'il traite. Veut-il donner de la rapidité ou de l'énergie à sa pensée, qu'il prenne l'ordre inverse ou elliptique, ou les deux à la fois; il doit élaborer son style et mettre en pratique ces vers de Boileau :

> Vingt fois sur le métier remettez votre ouvrage,
> Polissez-le sans cesse et le repolissez.

Il est de la plus haute importance d'exercer les élèves à faire ces différentes constructions sur un morceau quelconque de prose ou de vers; qu'ils changent l'ordre direct en ordre inverse, et réciproquement; qu'ils fassent une ellipse ou bien qu'ils rétablissent la construction pleine, et ils apprendront à bien parler et surtout à bien écrire; par là ils pourront châtier leur style et se corriger eux-mêmes. Je n'hésite pas à dire que c'est le plus puissant moyen pour exprimer nos pensées avec netteté et élégance et pour écrire avec force et vivacité; c'est le moyen qu'ont employé les grands écrivains. Pourquoi les poètes ont-ils tant de facilité pour s'exprimer? C'est qu'ils sont habitués à donner toute espèce de tournure à leurs pensées. Essayez de donner à votre style toutes les tournures possibles et vous verrez la facilité que vous aurez ensuite pour parler ou pour écrire.

IMPRIMERIE DE Mme Ve DONDEY-DUPRÉ,
rue Saint-Louis, 46, au Marais.

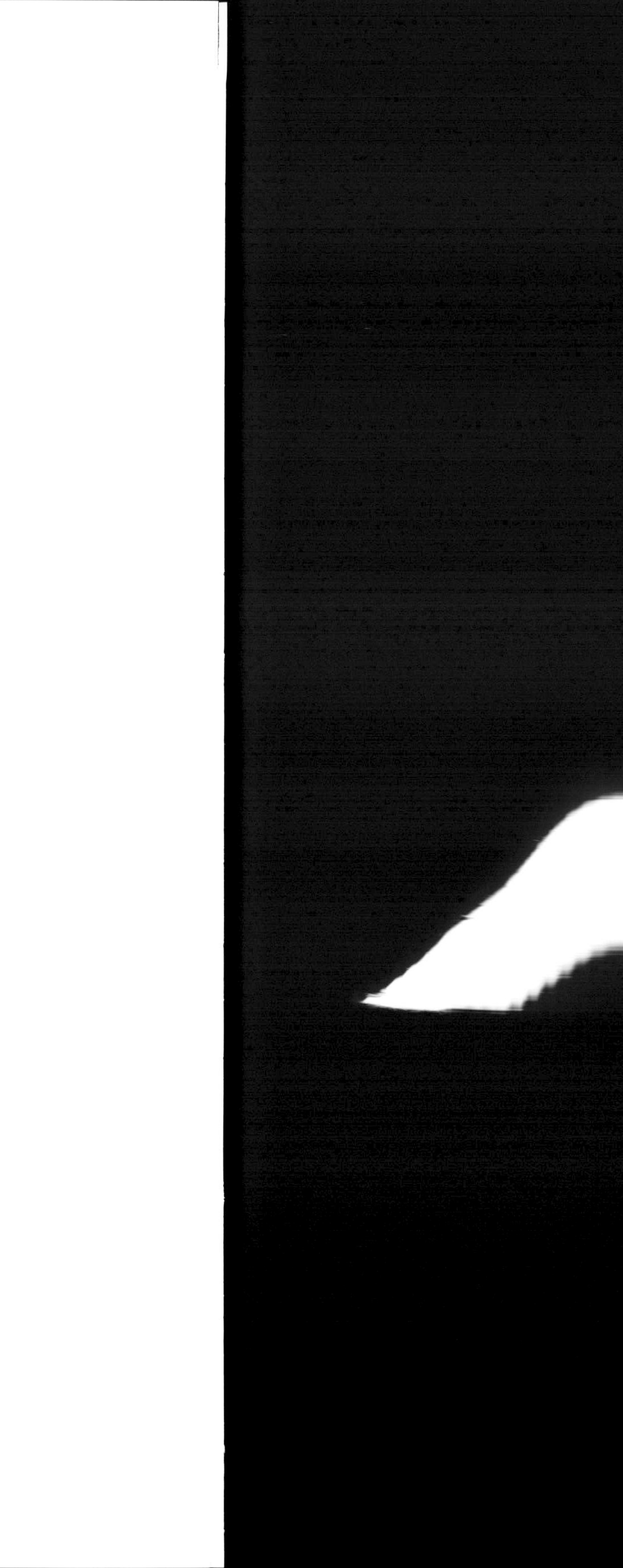

9 782329 021775